Zucchini Zucchetti

Die besten Rezepte

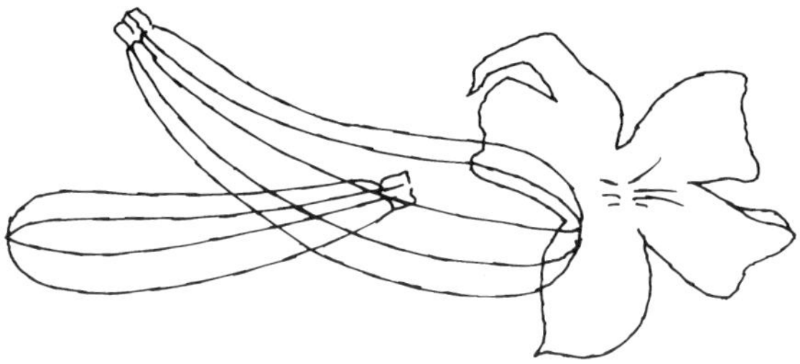

Julie Landis-Sager

Zucchini Zucchetti

Die besten Rezepte

AT Verlag

Für Maja, Paula und Vera

7. Auflage, 1998

AT Verlag, Aarau, Schweiz
Fotos: Jörg Müller, Aarau
Illustrationen: Julie Landis, Aarau
Lithos: AZ Grafische Betriebe AG, Aarau
Druck und Bindearbeiten: Neue Stalling, Oldenburg
Printed in Germany

ISBN 3-85502-590-8

Inhalt

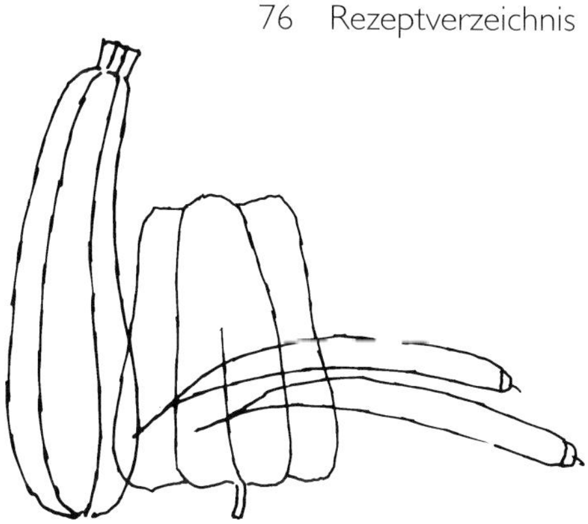

Alle Jahre wieder …

kommt im Sommer eine Flut von Zucchini und Zucchetti über uns!

Wer einen Gemüsegarten besitzt, kann jede gewünschte Grösse ab Pflanze ernten, kleine Zucchini oder die etwas ergiebigeren grösseren. Auf den Gemüsemärkten liegen sie kiloschwer und knallfrisch, und bei den Gemüsehändlern, in kleinen und grossen Läden finden wir sie fast das ganze Jahr hindurch.

Ich möchte der Zucchini oder Zucchetti mit diesem Buch ein Loblied singen und für ihre Wuchsfreudigkeit und die variationsreichen Genüsse danken, die sie uns schenkt!

Julie Landis
Im Herbst 1996

Und so fängt alles an ...

Anzucht

Ende Frühjahr an Ort und Stelle Samen stecken, mit umgestülpten Gläsern schützen. Der beste Standort ist ein alter Komposthaufen oder in seiner Nähe. Später tagsüber die Gläser abheben (um die Pflänzchen abzuhärten).

Pflege

Vor Schnecken schützen, hacken, mulchen, nähren. Bei Trockenheit viel Wasser geben!

Gegen Schnecken verwende ich vorwiegend «Köder», das heisst, ich lege um die junge Pflanze herum Salatblätter. Die Schnecken lieben solche Futterplätze, die ihnen zugleich Unterschlupf geben, und lassen sich dann gut einsammeln.

Ernte

Zart und jung schneiden, so wird das Wachstum weiterer Früchte angeregt. Eine Pflanze kann bis zu zwanzig Stück liefern. Einheimische Früchte werden von August bis Oktober angeboten.

Aufbewahren

Vorsichtig geerntet, lassen sich die Früchte einige Wochen in einem kühlen, trockenen Raum lagern.

Vorräte

Siehe das Rezept für Zucchini Napoli auf Seite 74. Oder die Zucchini in ca. 5 mm dicke Scheiben schneiden und dörren – in Stoffsäcken oder Dosen aufbewahrt, ein feiner Wintervorrat! Gedörrte Zucchini sind ideal für köstliche Wintersuppen oder einen Gemüse-Risotto.

Etwas Küchenlatein

Blanchieren

In kochendes Salzwasser geben, kurz aufkochen lassen, dann kalt abschrecken.

Dämpfen

Das Gemüse im Siebeinsatz über kochendem gewürztem Wasser garen.

Dünsten

Das zerkleinerte Gemüse in wenig Fett oder Öl erhitzen, würzen und dann in der zugedeckten Pfanne garen (Dünsten im eigenen Saft). Die meisten Gemüse brauchen keine Flüssigkeitszugabe.

Kochen

Das Gemüse in Flüssigkeit im geschlossenen Topf garen.

Braten

Das Gemüse zerkleinern, eventuell in Mehl wenden und in Fett oder Öl braten.

Porträt

Die Zucchini oder Zucchetti heisst mit der botanischen Bezeichnung *Cucurbita pepo.* Sie stammt aus der Familie der Kürbisgewächse, der *Cucurbitaceae.* Ihre Verwandten sind Gurke, Melone, Kürbis, Patisson, Rondini, Zierkürbisse, Flaschenkürbisse und andere mehr.

Zucchini und *Zucchetti* sind Verkleinerungsformen von *zucca,* dem italienischen Wort für Kürbis. Es ist eines der wenigen Gemüse, für die wir kein eigenständiges deutsches Wort haben. Im deutschen Sprachraum ist – ohne Bedeutungsunterschied – sowohl die Bezeichnung Zucchini wie Zucchetti üblich. In Italien, einem seiner traditionellen Anbauländer, heisst es *zucchino* oder in der Mehrzahl *zucchini;* wir halten uns daher in den Rezepten an diese Form der Bezeichnung. Auf französisch und englisch wird das Gemüse *courgette* genannt.

Die Heimat der Zucchini ist Südamerika und Mexiko. Die Samen kamen mit den Seefahrern in die Mittelmeerländer und später zu uns.

Die prächtigen kurzstämmigen Pflanzen bilden männliche und weibliche Blüten. Die Früchte sind meistens glatt und dunkelgrün mit einer silbrig-weissen, gesprenkelten Zeichnung. Die Früchte können bis zu 60 cm lang werden. Für den Verzehr am besten sind sie bei einer Länge um 20 cm. Aber auch Früchte von der doppelten Grösse sind köstlich und ideal zum Füllen.

Und übrigens: Zucchini enthalten sehr wenig Kalorien und reichlich Vitamin C.

Einige praktische Vorbemerkungen

Die Rezepte sind, wenn nicht anders vermerkt, für 4 Personen berechnet.

Salzwasser zum Garen des Gemüses kann nach Wunsch immer durch Bouillon (Gemüse-, Hühner- oder Fleischbouillon) ersetzt werden.

Die Zucchini werden immer gewaschen, von Stiel- und Blütenansatz befreit und nur geschält, wenn speziell vermerkt. Auch anderes Gemüse wird selbstverständlich immer gewaschen, geputzt oder gerüstet und dann wie im Rezept angegeben verwendet.

Werden Zucchiniblüten verwendet, öffnet man die Blüten, entfernt die Stempel, reinigt die Blüten (nicht waschen) und schneidet sie je nach Rezept in Streifen oder lässt sie ganz.

Öl, Butter, Fett, Margarine lassen sich nach Belieben untereinander austauschen. Die persönlichen Vorlieben und Gewohnheiten sind meistens richtig!

In der Regel genügen zum Würzen Salz und Pfeffer. Natürlich können Sie aber nach Geschmack andere Gewürze verwenden.

Paniermehl oder Brotbrösel selber machen! Entweder altbackenes, ganz trockenes Brot an der Raffel reiben oder in der Mühle zerkleinern. Oder ein frisches helles Brot (Pariserbrot) in Scheiben schneiden, gut trocknen lassen und dann reiben.

Gehackte Dosentomaten (Pelati) sind oft reifer und aromatischer als frisch gekaufte Tomaten.

In einigen Rezepten – insbesondere bei bereits Vorgekochtem oder Resten – verwende ich Tassen als Massangabe. 1 Tasse = 2 dl oder 200 ml.

Zu den Massen: Hohlmasse sind in Millilitern angegeben. 1 dl = 100 ml = 1/10 l. 50 ml sind also ½ dl und 25 ml ¼ dl.

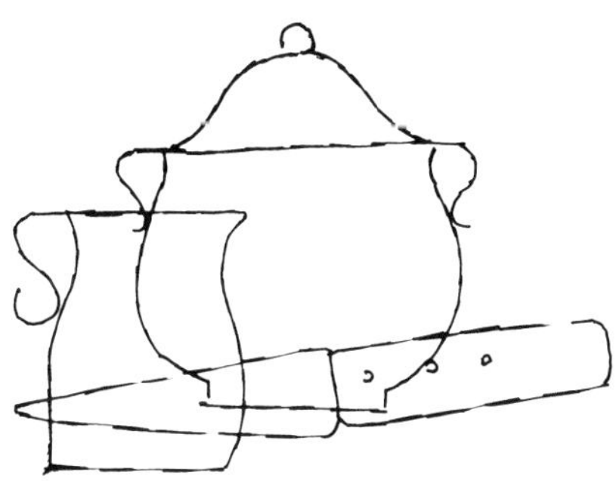

Kalte Zucchinisuppe

1 Zucchini
1 l Bouillon
1 Knoblauchzehe
2 Fleischtomaten
Basilikum und/oder Petersilie, fein gehackt

◆ Die Zucchini schälen, der Länge nach vierteln, die Kerne entfernen und die Früchte in Würfel schneiden. In der Bouillon weich kochen und kühl stellen.
◆ Die Knoblauchzehe durchpressen oder reiben. Die Tomaten schälen und mit den Zucchiniwürfeln pürieren. Alles unter die Zucchinibrühe mischen und mit fein gehackten Kräutern bestreuen.

Zucchinirahmsuppe

1 Zucchini
1 l Bouillon
100 ml Rahm
1 Eigelb
Petersilie, fein gehackt

◆ Die Zucchini schälen, würfeln, in der Bouillon weich kochen und anschliessend pürieren.
◆ Rahm und Eigelb dazurühren und die Suppe mit Petersilie bestreuen.

Zucchinicremesuppe

1 Zucchini
1 l Bouillon
etwas Butter
1 EL Mehl
200 ml Milch
Muskatnuss
Salz und Pfeffer
1 EL Weisswein, nach Belieben

◆ Die Zucchini schälen und in Würfel schneiden. In der Bouillon weich kochen und anschliessend pürieren.
◆ Die Butter erhitzen und das Mehl darin kurz anschwitzen. Mit der Milch ablöschen und glatt rühren. Die Zucchinimasse dazugeben. Mit Muskatnuss, Salz, Pfeffer und nach Belieben mit Weisswein abschmecken.
◆ Die Suppe mit gerösteten Brotwürfelchen garnieren.

Wintersuppe mit gedörrten Zucchini

Wintersuppe mit gedörrten Zucchini

1 Handvoll gedörrte Zucchini
1 Handvoll Borlottibohnen
1 Zwiebel
2 Karotten
1 Stück Sellerie
1 Stange Lauch
2 Kartoffeln
1½ l Bouillon
Öl
Speckwürfelchen
1 EL Tomatenpüree

◆ Die gedörrten Zucchini und die Borlottibohnen über Nacht einweichen.
◆ Das frische Gemüse klein schneiden.
◆ Die Bouillon erhitzen.
◆ Etwas Öl erhitzen. Die Speckwürfelchen darin anziehen lassen. Die fein geschnittene Zwiebel und dann das übrige klein geschnittene Gemüse beifügen und dünsten. Die Zucchini und Borlottibohnen abtropfen lassen, zum übrigen Gemüse geben und mitdünsten.
◆ Das Tomatenpüree zugeben und mit der heissen Bouillon aufgiessen. 2 Stunden köcheln lassen.

Gemüsesuppe

1 l Bouillon
Zucchini, Lauch, Sellerie, Karotte, Rande (Rote Bete), Kartoffel: je 1 Stück
oder die Mengen nach Belieben variieren
1 Zwiebel
1 Knoblauchzehe
Öl

◆ Die Bouillon erhitzen.
◆ Das Gemüse fein schneiden. Zwiebel und Knoblauchzehe fein hacken.
◆ Öl erhitzen. Die Zwiebel und den Knoblauch darin anziehen lassen. Das Gemüse zugeben und kurz mitdünsten, dann mit der heissen Bouillon ablöschen.
1 Stunde köcheln lassen.
◆ Nach Grossmutterart: 1 EL Butter schmelzen und 1 EL Mehl darin dunkel anschwitzen. Mit etwas Suppe ablöschen und noch einige Minuten weiterkochen lassen. Dann zur restlichen Suppe geben.
◆ In jeden Suppenteller 1 EL Essig geben und die Gemüsesuppe darüber anrichten.

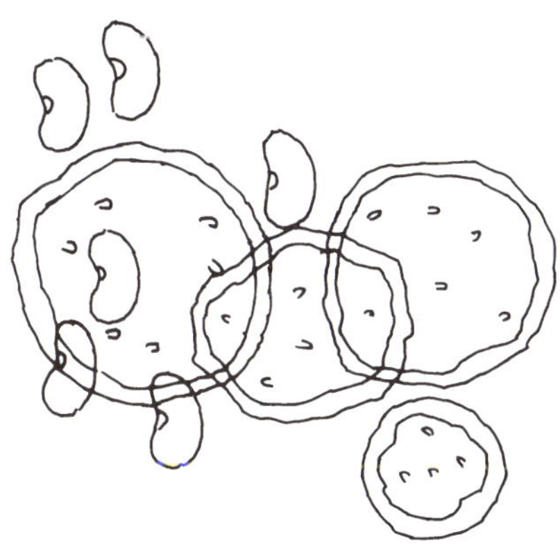

Zucchinisuppe mit Pistou

Ein Rezept aus Südfrankreich

1 grosse oder 4 kleine Zucchini
1 Stange Lauch
1 kleine Sellerieknolle
6 Karotten
1 grosse Zwiebel
1 Handvoll grüne Bohnen
2 Tomaten
1 Handvoll Maccaroni

Pistou:
4 Knoblauchzehen
1 grosses Bund Basilikum
Salz
2 EL Tomatenpüree
100 ml Olivenöl

◆ Das Gemüse in grobe Würfel, die Bohnen in Stücke schneiden. In leicht gesalzenem Wasser 30 Minuten kochen. Dann die Maccaroni beigeben und weitere 30 Minuten mitköcheln.

◆ Für den Pistou den Knoblauch zusammen mit den Basilikumblättern und Salz im Mörser zerquetschen und zu einer feinen Masse stampfen. Tomatenpüree und Olivenöl dazurühren, bis eine sämige Paste entstanden ist.

◆ Die Suppe in Tellern anrichten und jeweils einen Esslöffel Pistou daraufgeben.

Spanische Gemüsesuppe

1 grosse oder 4 kleine Zucchini
4 Kartoffeln
2 Tomaten
2 Zwiebeln
4 Knoblauchzehen
2 Lorbeerblätter
1 Zweig Thymian
Salz und Pfeffer
4 EL Olivenöl

Petersilie, gehackt
Olivenöl

◆ Das Gemüse in Streifen schneiden. In einen Topf geben, soviel Wasser zugeben, dass das Gemüse bedeckt ist. Die Gewürze beigeben und das Öl darübergiessen. Nicht umrühren! Alles 1 Stunde köcheln lassen.

◆ In jeden Teller etwas Petersilie und ein paar Tropfen Olivenöl geben und die Suppe darüber anrichten.

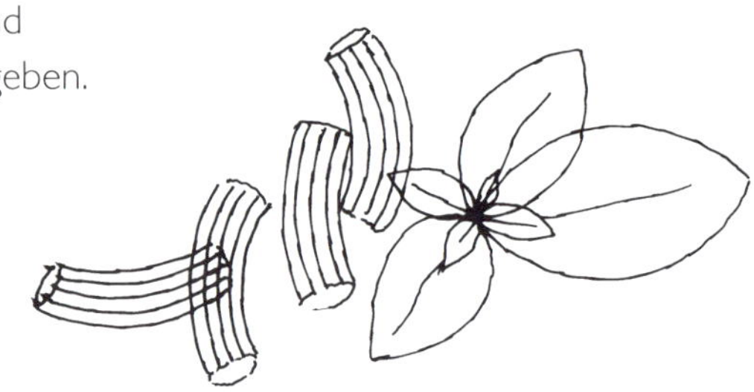

Zucchini-Kürbis-Suppe

1 Zucchini
1 Stück Kürbis (etwa gleiche Menge
wie Zucchini
je ca. 250 g)
1 l Bouillon
100 ml Rahm
50 g Parmesan, gerieben
1 Zucchini- oder Kürbisblüte
Petersilie

◆ Zucchini und Kürbis schälen, in Würfel schneiden, in der Bouillon weich kochen und anschliessend pürieren.
◆ Den Rahm und den Parmesan einrühren.
◆ Die Zucchini- oder Kürbisblüte und Petersilie fein schneiden und über die Suppe streuen.

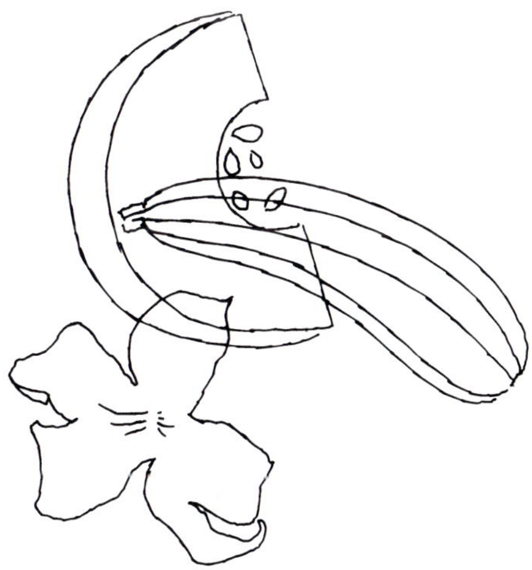

Zucchini vom Grill

4 Zucchini
Olivenöl
Salz und Pfeffer
Zitronensaft
gehackte Kräuter (z.B. Basilikum, Petersilie und Minze)

◆ Die Zucchini halbieren. Alufolie mit Öl bepinseln, die Zucchinihälften mit der Schnittfläche nach unten darauf legen und grillieren.
◆ Nach Belieben mit Salz und Pfeffer, Zitronensaft und Kräutern würzen.

Varianten:
Die Zucchini in 2 cm dicke Scheiben schneiden und auf dem Holzkohlengrill braten. Die gegrillten Zucchinischeiben lassen sich problemlos 2–3 Tage im Kühlschrank aufbewahren.
Statt dem Zitronensaft mit Balsamicoessig und zusätzlich Chilipulver würzen.
Die Würzzutaten auf dem Tisch bereitstellen. Jeder würzt sich seine Zucchini selbst.

Gebratene Zucchinischeiben mit Basilikum

2 mittlere Zucchini
Olivenöl
Salz, Pfeffer
Basilikum, fein geschnitten

◆ Aus den Zucchini pro Person 6–8 ½ cm dicke Scheiben schneiden.
◆ Das Olivenöl erhitzen und die Zucchinischeiben darin portionenweise auf beiden Seiten anbraten. (Immer nur sehr wenig Öl nachgiessen und nicht zu heiss werden lassen!)
◆ Die Zucchinischeiben auf Haushaltspapier legen, abtupfen und auf einer Platte anrichten. Salz, Pfeffer und Basilikum darüberstreuen.

Variante:
Mit einer Persillade (Rezept Seite 69) beträufeln.

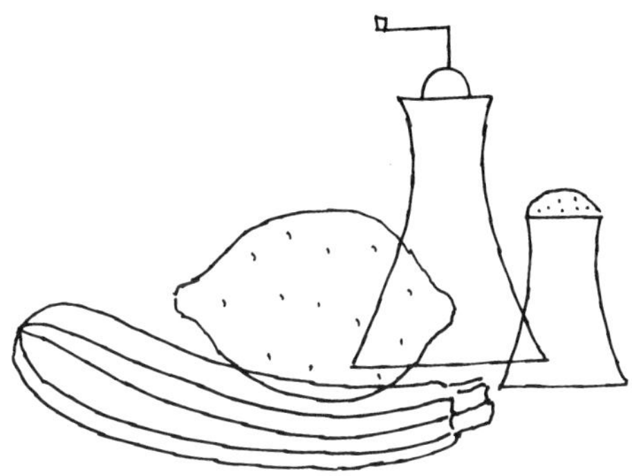

Zucchini-Carpaccio

Zucchini-Carpaccio

4 Zucchini
Olivenöl
Zitronensaft
frisches Basilikum und Petersilie, gehackt
etwas Parmesan

◆ Die Zucchini in feine Scheiben schneiden, auf einer flachen Platte auslegen, mit Olivenöl und Zitronensaft beträufeln und 1 Stunde kühl stellen.
◆ Das Carpaccio mit Basilikum und Petersilie bestreuen und mit feinen Parmesanraspeln garnieren.

Zucchinigratin mit Tomatensauce

2 Zucchini
Butter
2 Eier
Salz und Pfeffer
100 ml Rahm
1 Portion Tomatensauce (Rezept Seite 70)

◆ Die Zucchini schälen, halbieren und weich kochen.
◆ Den Backofen auf 200 Grad vorheizen.
◆ Eine Auflaufform mit Butter ausstreichen und die Zucchinihälften hinein legen.
◆ Die Eier mit Salz, Pfeffer und dem Rahm verquirlen und über das Gemüse giessen.
◆ Im vorgeheizten Ofen 30 Minuten backen.
◆ Die Tomatensauce getrennt dazu reichen.

Zucchinikörbchen

1 grosse Zucchini
wenig Salzwasser
Füllung (siehe Rezept Zucchinigratin mit Kalbsbrät, Seite 54, oder Waadtländer Zucchinigratin, Seite 53)
Butter
Paniermehl

◆ Die Zucchini schälen, in vier gleich grosse Stücke schneiden und jedes so aushöhlen, dass ein Boden von 2–3 cm Dicke bleibt.
◆ Das Salzwasser zum Kochen bringen und die Zucchinikörbchen darin etwa 10 Minuten weich kochen. Mit der Öffnung nach unten vorsichtig abtropfen lassen.
◆ Den Backofen auf 180 Grad vorheizen.
◆ Eine Gratinform mit Butter ausstreichen, die Zucchinikörbchen hineinstellen und mit Brätmasse füllen.
◆ Mit Butterflöckchen und Paniermehl bestreuen und im vorgeheizten Ofen 30–40 Minuten backen.

Variante:
Dazu Trockenreis und Tomatensauce (Rezept Seite 70) servieren.

Zucchini-Fisch-Ragout in Jakobsmuscheln

Zucchini-Fisch-Ragout in Jakobsmuscheln

2 Zucchini
wenig Butter
1 Tasse Fischreste (evtl. Poulet- oder Bratenreste)
1 Tasse Béchamelsauce (Rezept Seite 69)
Zitronensaft
4–8 Jakobsmuschelschalen
Öl
Butterflocken
Parmesan
Petersilie, fein geschnitten

◆ Die Zucchini in feine Scheiben schneiden und in Butter weich dünsten.
◆ Die Fischreste klein schneiden. Zusammen mit den Zucchini unter die Béchamelsauce mischen und mit Zitronensaft abschmecken.
◆ Den Ofen auf 180 Grad vorheizen.
◆ Die Jakobsmuschelschalen mit wenig Öl auspinseln und jeweils 1–2 gehäufte EL Füllung hinein geben. Mit Butterflöckchen und Parmesan bestreuen und im vorgeheizten Ofen 20 Minuten goldbraun überbacken. Mit Petersilie bestreut servieren.

Zucchini mit Quarkfüllung

4 grössere Zucchini
150 g Rahmquark
2 EL fein geschnittenes Basilikum
2 EL fein gehackte Petersilie
wenig fein geschnittene Minze
1 EL gehackte Schalotten
1 Zitrone, Saft
1 TL Streuwürze
1 TL Dijonsenf

◆ Die Zucchini der Länge nach halbieren, leicht aushöhlen und in wenig Salzwasser weich kochen. Auskühlen lassen.
◆ Den Rahmquark glatt rühren. Die Kräuter, Schalotten und Würzzutaten gut untermischen. Auf den Zucchinihälften verteilen und diese nach Belieben auf grünen Salatblättern anrichten und mit Zucchiniblüten dekorieren.

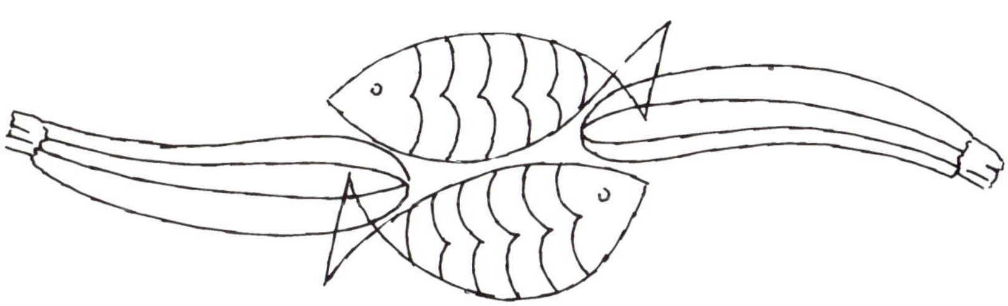

Bulgarischer Zucchinigratin

Füllung:
2 grosse Zwiebeln
2 Knoblauchzehen
2 grosse Fleischtomaten
300 g Lammfleisch, grob gehackt
4 EL Öl
2 EL Tomatenpüree
viel gehackte Petersilie
Salz und Pfeffer

2 grosse Zucchini
Butter
200 ml Sauerrahm
1 Tasse fein gehackte Petersilie
1 Chilischote, fein geschnitten

◆ Für die Füllung Zwiebeln und Knoblauch fein schneiden, die Tomaten häuten, entkernen und in kleine Würfel schneiden. Das Lammfleisch im Öl anbraten, Zwiebeln und Knoblauch und anschliessend die Tomatenwürfel hinzufügen und mitdünsten. Das Tomatenpüree beigeben und nochmals kurz dünsten. Mit reichlich gehackter Petersilie, Salz und Pfeffer abschmecken. 20 Minuten köcheln lassen.
◆ Inzwischen die Zucchini schälen, halbieren, die Kerne entfernen und die Früchte in insgesamt 8 Stücke schneiden. In wenig Salzwasser weich kochen. Gut abtropfen lassen.
◆ Den Backofen auf 200 Grad vorheizen.
◆ Eine Gratinform mit Butter ausstreichen. Die Zucchinistücke hineinlegen und mit der Fleischmasse füllen.
◆ Den Sauerrahm mit der Petersilie und der fein geschnittenen Chili mischen und über die Fleischfüllung giessen. Im vorgeheizten Ofen 30 Minuten überbacken.

Zucchini im Salatblatt

8 kleine Zucchini
8 schön gewölbte Eisbergsalatblätter
1 Becher (180 g) Sauerrahm
1 EL Dijonsenf
1 EL fein gehackte Schalotten
4 EL Kräuter, gemischt: Petersilie, Estragon, Schnittlauch, Sauerampfer, Basilikum
Salz
Chilipulver
Zitronensaft

◆ Die Zucchini in kleine Würfel schneiden.
◆ Eine Platte mit den Salatblättern auslegen.
◆ Den Sauerrahm mit Senf, Schalotten und den Kräutern vermischen, die Zucchiniwürfel sorgfältig unterheben und mit Salz, Chilipulver und Zitronensaft abschmecken. In die Salatblätter füllen und dazu frischen Toast und Butter reichen.

Zucchinistengel Gourmet

8 kleine Zucchini
150 g Rahmquark
je 1 EL feinst geschnittene Kräuter: Basilikum, Petersilie, Estragon und Minze
1 Zitrone, Saft
1 EL Dijonsenf
1 Prise Chilipulver

◆ Die Zucchini längs vierteln und in 5 cm lange Stäbchen schneiden. In kleinen Schalen bereit stellen.

◆ Den Rahmquark mit den Kräutern und den übrigen Würzzutaten gut verrühren und dazu reichen.

◆ Bei Tisch nimmt man die Zucchinistengelchen von Hand und taucht sie in die köstliche Sauce.

Spicy Zucchini

1 Zucchini
1 Zwiebel
1 kleine Chilischote
1 Dose Tomaten (Pelati), gehackt
2 EL Tomatenpüree
5 Tropfen Tabascosauce
Salz und Pfeffer

◆ Das Gemüse in feinste Scheiben schneiden. In wenig Wasser weich kochen. Den Sud weggiessen.

◆ Tomaten, Tomatenpüree, Tabascosauce sowie Salz und Pfeffer zum Gemüse geben und heiss werden lassen. Als Beilage zu Fisch oder Fleisch reichen.

Variante:
Dazu frischen Toast und Salat servieren.

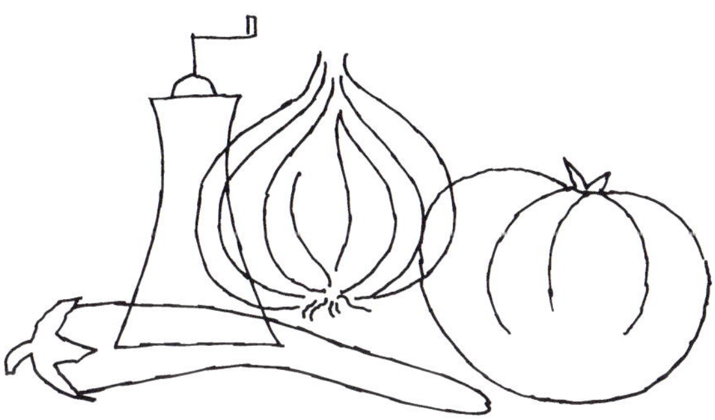

Zucchini-Käse-Salat

2 Zucchini
150 g Emmentaler
1 Schalotte, fein geschnitten
4 EL Mayonnaise
1 EL Senf
2 EL Öl
2 EL Essig
Petersilie, fein gehackt

◆ Die Zucchini und den Emmentaler in feine Scheiben schneiden.
◆ Die Saucenzutaten miteinander verrühren. Die Zucchini- und Käsescheiben darunter mischen und den Salat mit Petersilie bestreuen.

Zucchinisalat Rapid

Ein sehr erfrischender Sommersalat!

1 Zucchini
1 Salatgurke
1 Schalotte, fein gehackt
1 EL fein gehackte Petersilie
1 EL fein geschnittenes Basilikum
Salz und Pfeffer
4 EL Öl
2 EL Essig oder ½ Zitrone, Saft

◆ Die Zucchini grob raspeln. Die Gurke schälen, entkernen und ebenfalls grob raspeln.
◆ Gründlich mit den übrigen Zutaten vermischen.

Zucchini-Vollkornreis-Salat

1 Zucchini
1 Salatgurke
2 Fleischtomaten
2 EL fein geschnittene Kräuter, gemischt
2 Tassen gekochter Reis, kalt
Sauce Vinaigrette (Rezept Seite 68)
nach Belieben einige Salatblätter
oder ausgehöhlte Tomaten

◆ Die Zucchini grob raspeln. Die Gurke schälen, halbieren, entkernen und ebenfalls grob raspeln. Die Tomaten halbieren, entkernen und in kleine Würfelchen schneiden.
◆ Das Gemüse mit den Kräutern und dem Reis mischen und mit der Sauce Vinaigrette abschmecken.
◆ Nach Belieben auf Salatblättern anrichten oder in ausgehöhlte Tomaten füllen.

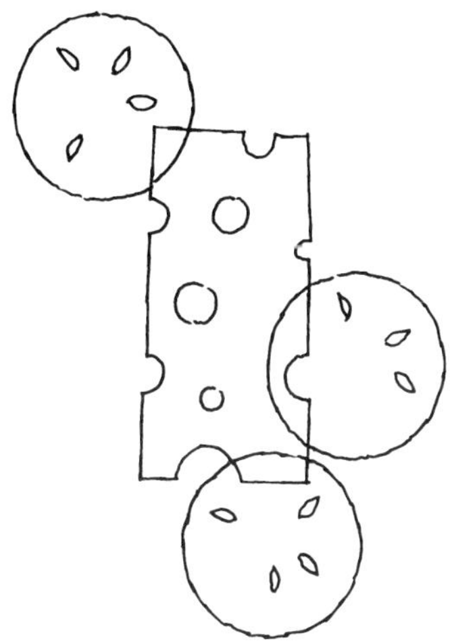

Zucchini à l'estragon

4 Zucchini
4 Hühnerbrüstchen, gekocht
1 Schalotte
Salz und Pfeffer
Currypulver
Essig und Öl
2 EL fein geschnittener Estragon
nach Belieben Salatblätter und einige Estragonzweiglein

◆ Die Zucchini halbieren und in feine Streifen schneiden. Die gekochten Hühnerbrüstchen und die Schalotte ebenfalls in Streifen schneiden. Alles miteinander vermischen.
◆ Salz, Pfeffer und Currypulver zusammen mit Essig und Öl sämig rühren. Zusammen mit dem fein geschnittenen Estragon über die Zucchini-Fleisch-Mischung geben und unterziehen.
◆ Auf Salatblättern anrichten und mit Estragonzweiglein garnieren.

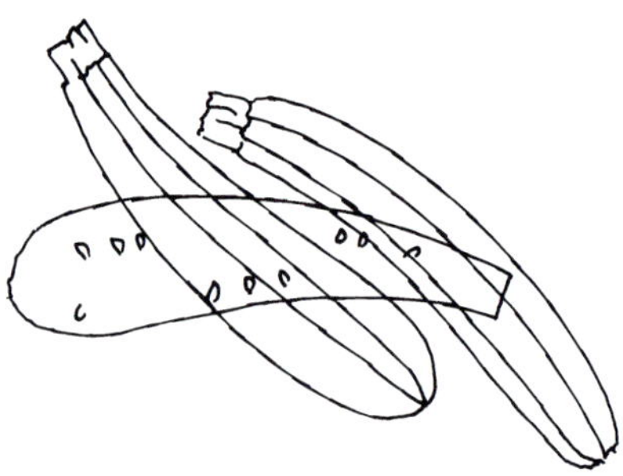

Zucchini-Wurst-Salat

3–4 Zucchini
3–4 Cervelatwürste oder Lyoner
2 EL Essig
2 EL Öl
1 Schalotte, fein geschnitten
1 EL Senf
4 EL Mayonnaise
1 EL gehackte Petersilie
1 EL fein geschnittener Schnittlauch
Salz und Pfeffer

◆ Die Zucchini in Scheiben schneiden. Die Wurst ebenfalls in feine Scheiben schneiden.
◆ Essig und Öl mit sämtlichen Würzzutaten gut vermischen und erst bei Tisch über den Zucchini-Wurst-Salat giessen.

Sommersalat

4 Zucchini
1 Knoblauchzehe
1 Bund Petersilie
4 EL Olivenöl
1 EL Balsamicoessig
Salz und Pfeffer

◆ Die Zucchini grob raspeln. Den Knoblauch fein hacken, die abgezupften Petersilienblättchen darauf legen und fein schneiden. Unter die Zucchini mischen.
◆ Öl, Essig, Salz und Pfeffer verrühren und kurz vor dem Servieren unter den Salat mischen.

Zucchini-Wurst-Salat

Zucchini-Reis-Salat mit Thunfisch

2 Zucchini
1 Schalotte
1 Dose Thunfisch
2 Tassen Reis, gekocht
2 EL fein geschnittene Kräuter
Öl und Essig
Salz und Pfeffer
Senf
Chilipulver

◆ Die Zucchini raspeln. Die Schalotte fein schneiden. Den Thunfisch zerpflücken. Mit dem Reis und den Kräutern gut vermischen.

◆ Öl, Essig und die Gewürze auf dem Tisch bereit stellen. Jeder würzt damit seinen Salat nach eigenem Gusto.

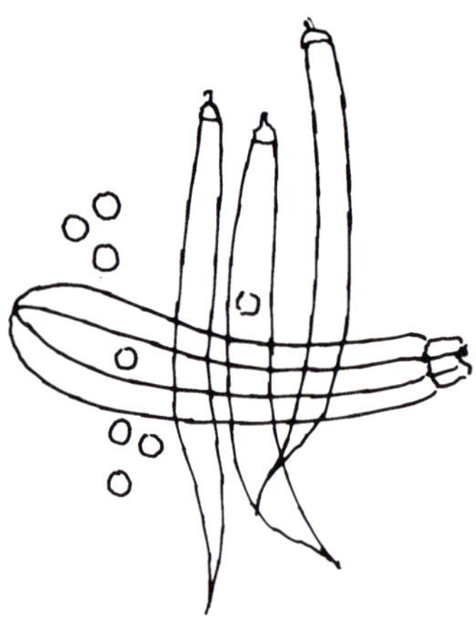

Grüner Cocktail

1 Zucchini
1 Salatgurke
1 Tasse grüne Erbsen, frisch oder tiefgefroren
1 Tasse grüne Bohnen, gekocht, in kleine Stücke geschnitten
1 Tasse Tomatenwürfel
1 Portion Quarksauce (Rezept Seite 69)
Petersilie und Basilikum, fein geschnitten

◆ Die Zucchini klein würfeln. Die Gurke schälen, entkernen und ebenfalls in kleine Würfel schneiden. Mit dem übrigen Gemüse sorgfältig mischen und in weite Gläser füllen.

◆ Mit der Quarksauce begiessen und mit den fein geschnittenen Kräutern bestreuen.

Zucchini Vinaigrette

1 Zucchini
wenig Bouillon
Sauce Vinaigrette (Rezept Seite 68)
gehackte Kräuter nach Belieben

◆ Die Zucchini schälen, halbieren, die Kerne entfernen und die Früchte in 1 cm dicke Scheiben schneiden. In wenig Bouillon weich kochen. Abtropfen lassen und kühl stellen.

◆ Die Sauce Vinaigrette zubereiten und die Zucchini damit überziehen. Auf Salatblättern anrichten und mit gehackten Kräutern garnieren.

Grüner Cocktail

Zucchini e Pane

3 Zucchini
250 g Weissbrot
2 grosse Knoblauchzehen
4 EL Olivenöl
2 Tomaten
1 Bund Schnittknoblauch oder 1–2 frisch gepresste Knoblauchzehen
2 EL fein geschnittenes Basilikum
2 EL fein gehackte Petersilie

Sauce:
4 EL Olivenöl
½ Zitrone, Saft
1 EL Balsamicoessig
1 Prise Zucker oder 1 EL Karottenraspel
Salz und Pfeffer

◆ Die Zucchini in feine Scheiben schneiden. Das Weissbrot in Scheiben und diese dann in Würfel schneiden.
◆ Die Knoblauchzehen schälen und zusammen mit den Brotwürfeln in etwas Olivenöl rösten. Die Brotwürfel abkühlen lassen.
◆ Den Knoblauch in die Pfanne zurückgeben. 4 EL Olivenöl zugeben und die Zucchinischeiben darin anbraten. Auskühlen lassen und in einer Schüssel mit den Brotwürfeln mischen.
◆ Die Tomaten halbieren, entkernen und in Scheiben schneiden. Zusammen mit dem Knoblauch zur Zucchini-Brot-Mischung geben.
◆ Alle Saucenzutaten gut verrühren, über die Gemüse-Brot-Mischung geben und sorgfältig unterheben.

Florentiner Zucchini

2 Zucchini
6 Karotten, geschält
Salz und Pfeffer
Olivenöl
Zitronensaft
Basilikum, fein geschnitten

◆ Zucchini und Karotten in etwa 2 mm dicke Scheiben oder Rädchen schneiden. Getrennt in wenig Bouillon al dente garen. Abgiessen und abtropfen lassen.
◆ Das Gemüse mit Salz, Pfeffer, Olivenöl und Zitronensaft abschmecken und mit dem Basilikum bestreuen.

Tip:
Mit einer Zucchiniblüte dekorieren!

Zucchini-Kartoffel-Salat

4 gekochte Kartoffeln
2 Zucchini
1 Schalotte
2 EL Mayonnaise
2 EL Öl
2 EL Essig
1 TL Senf
Petersilie, fein gehackt

◆ Die Kartoffeln schälen und grob raspeln. Die Zucchini ebenfalls grob raspeln.
◆ Die Schalotte fein schneiden und mit den übrigen Saucenzutaten vermengen.

Zum Salat geben und untermischen. Mit Petersilie bestreuen.

Tip:
Mit einer heissen Wurst ergibt dies eine vollständige Mahlzeit.

Mexikanischer Zucchinisalat

2 Zucchini
1 rote Peperoni (Paprikaschote)
1 Zwiebel
1 Dose Maiskörner
Salz und Pfeffer
4 EL Maiskeimöl
2 EL Essig
Petersilie, fein gehackt

◆ Die Zucchini, die entkernte Peperoni und die Zwiebel in kleine Würfel schneiden. Die Maiskörner abspülen und abtropfen lassen. Alle Gemüse miteinander mischen.
◆ Salz, Pfeffer, Öl und Essig beigeben und gut untermischen. Mit Petersilie bestreuen.

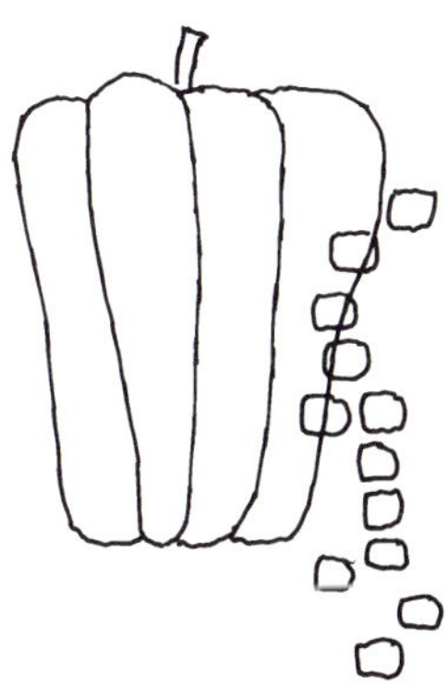

Zucchinisalat mit Borretschblüten

1 Zucchini
2 Tomaten
Salz und Pfeffer
4 EL Olivenöl
1 EL Balsamicoessig
1 Handvoll Borretschblüten (oder fein geschnittene Zucchini- oder Kürbisblüten)

◆ Die Zucchini schälen, die Tomaten entkernen und beides fein würfeln. Mit Salz und Pfeffer bestreuen, mit Olivenöl und Balsamicoessig beträufeln und sorgfältig mischen.
◆ Die Borretschblüten oder Streifen von anderen Blüten darüberstreuen.

Zucchinisalat tipo mare

2 Zucchini
1 Dose rosa Thunfisch oder 100 g Crevetten
1 EL Zitronensaft
Öl und Essig
Salz und Pfeffer
frischer Dill, fein geschnitten

◆ Die Zucchini schälen und fein würfeln.
◆ Den Thunfisch zerpflücken oder die Crevetten waschen und abtropfen lassen. Mit den Zucchini mischen.
◆ Mit Zitronensaft, Öl und Essig beträufeln und mit Salz und Pfeffer würzen.
◆ Den Salat nach Belieben in Jakobsmuschelschalen anrichten und mit fein geschnittenem Dill bestreuen.

Zucchini-Omelette

1 Zucchini
Butter
2 Eier
Salz und Pfeffer
1 EL Tomatenpüree
1 Knoblauchzehe
1 Zucchiniblüte

◆ Die Zucchini in feine Scheiben schneiden. In der Butter unter häufigem Wenden weich dünsten.

◆ Die Eier mit Salz und Pfeffer verklopfen. Das Tomatenpüree untermischen und den Knoblauch dazureiben oder -pressen.

◆ Wenn nötig, noch etwas Butter zu den Zucchini geben. Den Eierguss darübergiessen und fest werden lassen. Wenden und etwas Farbe annehmen lassen.

◆ Die Zucchiniblüte fein schneiden und über die angerichtete Omelette streuen.

Tortilla española

1 Zucchini
4 Kartoffeln
1 grosse Zwiebel
2 Knoblauchzehen
Butter und Öl
4 Eier
Salz und Pfeffer
4 EL Milch

◆ Die Zucchini schälen, der Länge nach vierteln, entkernen und in Würfel schneiden. In sehr wenig Salzwasser weich kochen.

◆ Die Kartoffeln kochen, schälen und in kleine Würfel schneiden.

◆ Zwiebel und Knoblauch in feine Scheibchen schneiden und in einer Butter-Öl-Mischung glasig dünsten. Die Zucchini- und Kartoffelwürfel beigeben und mitbraten.

◆ Die Eier mit Salz, Pfeffer und der Milch verklopfen, über das Gemüse giessen und fest werden lassen. Wenden und eine knusprige Kruste backen.

Tip:
Mit einer grossen Schüssel grünem Salat ein feines rustikales Mahl!

Zucchiniküchlein Turco

... delikat mit frischem Gurkensalat!

2 Zucchini
1 Schalotte
1 Bund Dill

Teig:
2 Eier
1 EL Mehl
Salz

1 EL Olivenöl zum Ausbacken

◆ Die Zucchini raspeln. Die Schalotte und den Dill fein schneiden.
◆ Die Teigzutaten mischen und ½ Stunde ruhen lassen. Zucchini, Schalotte und Dill unter den Teig mischen und im heissen Olivenöl daraus kleine Küchlein ausbacken.

Zucchinischnitzel

1 Zucchini
1 Ei
Salz und Pfeffer
Mehl
Butter und Öl

◆ Die Zucchini schälen und in etwa 1 cm dicke Scheiben schneiden. Mit einem runden Ausstecher die Kerne ausstechen.
◆ Die Zucchiniringe in Salzwasser knapp weich kochen, abtropfen und auskühlen lassen.
◆ Das Ei mit Salz und Pfeffer verklopfen. Die Zucchiniringe sorgfältig zuerst im Mehl und dann in der Eimischung wenden. In der heissen Butter-Öl-Mischung goldgelb backen.

Tip:
Mit einem Salat geniessen oder die Tomatensauce von Seite 70 dazu reichen – oder beides!

Zucchiniblüten-Omelette

4 Eier
4 EL Milch
Salz und Pfeffer
Butter
6–8 Zucchiniblüten

◆ Eier und Milch mit Salz und Pfeffer verklopfen.
◆ In einer Pfanne etwas Butter schmelzen und die Eimasse hineingiessen.
◆ Die Zucchiniblüten öffnen, reinigen und auf die Omelette legen. Kurz zudecken, um sie zu erwärmen, dann die Omelette zur Hälfte darüberschlagen und sofort servieren.

Zucchiniblüten-Omelette

Omelettensturm

250 g Mehl
1 TL Salz
½ l Milch-Wasser
2 EL Öl
4 Eier
Butter oder Öl
4 Zucchini und einige Blüten
Salz und Pfeffer
½ l dickflüssige Béchamelsauce
(Rezept Seite 69)

◆ Mehl, Salz, das Milch-Wasser, Öl und die Eier gut miteinander verklopfen; kurz ruhen lassen. In sehr wenig Fett daraus Omeletten backen. Warm stellen.

◆ Die Zucchini fein schneiden und in etwas Butter weich dünsten. Die Blüten klein schneiden und kurz mitdünsten. Mit wenig Salz und Pfeffer bestreuen.

◆ Den Ofen auf 200 Grad vorheizen.

◆ Eine Auflaufform mit Butter ausstreichen. Die Omeletten und das Gemüse lagenweise in die Form schichten und mit einer dickflüssigen Béchamelsauce übergiessen. Im vorgeheizten Ofen überbacken.

Ausgebackene Zucchiniblüten

2 EL Mehl
50 ml Weisswein
6–10 Zucchiniblüten
Butter

◆ Das Mehl mit dem Weisswein verrühren und ruhen lassen.

◆ Die Zucchiniblüten öffnen und reinigen. Sorgfältig in den Teig tunken und in der Butter knusprig backen. Sofort geniessen!

Zucchini-Zwiebel-Omelette

4 Zucchini
1 Zwiebel
Butter und Öl
4 Eier
Salz und Pfeffer
fein gehackte Kräuter
Zucchiniblüten

◆ Die Zucchini in Scheiben schneiden. Die Zwiebel schälen, halbieren und ebenfalls in Scheiben schneiden.

◆ Butter und Öl erhitzen und das Gemüse darin unter fleissigem Wenden rösten.

◆ Die Eier mit Salz und Pfeffer verklopfen. Fein gehackte Kräuter untermischen. Über das Gemüse giessen und fest werden lassen. Auf einer vorgewärmten Platte anrichten.

◆ Die Zucchiniblüten in feine Streifen schneiden und darüberstreuen.

Tip:

Dazu passt ausgezeichnet ein Tomatensalat!

Zucchini-Käse-Küchlein

2 Zucchini
2 Kartoffeln
150 g Emmentaler
250 g Brotreste
1 Handvoll Petersilie
1 Handvoll Schnittlauch oder gemischte Kräuter
Muskatnuss
Salz und Pfeffer
3 EL Mehl
3 EL Öl

◆ Die Zucchini grob raspeln, mit Salz vermischen und in einem Sieb abtropfen lassen.

◆ Die Kartoffeln weich kochen, schälen und zerdrücken.

◆ Den Emmentaler und die Brotreste in kleine Würfel schneiden. Die Kräuter fein schneiden.

◆ Die Zucchini etwas ausdrücken und mit den übrigen Zutaten mischen. Mit Muskatnuss, Salz und Pfeffer würzen. Wenn nötig, Mehl zum Binden beigeben. Die Masse ½ Stunde ruhen lassen.

◆ Aus der Masse kleine Küchlein formen und im heissen Öl auf jeder Seite etwa 3 Minuten ausbacken.

Tip:

Diese Küchlein sind auch kalt ein Genuss!

Zucchini-Frittata

In 20 Minuten servierbereit!

1 grosse oder 3 kleine Zucchini
1 Zwiebel
2 Knoblauchzehen
2 EL Öl
Butter
1 Handvoll Basilikum, fein geschnitten
1 Ei
100 ml Milch
Salz und Pfeffer

◆ Die Zucchini schälen, längs halbieren, aushöhlen und in wenig Salzwasser knapp gar kochen. Abtropfen lassen.

◆ Zwiebel und Knoblauch schälen und sehr fein schneiden. In der heissen Öl-Butter-Mischung etwas Farbe annehmen lassen. Das Basilikum beigeben und kurz mitdünsten, dann die gekochten Zucchinihälften darauf legen.

◆ Das Ei mit der Milch sowie Salz und Pfeffer verrühren, über das Gemüse giessen und fest werden lassen. Die Frittata auf einen flachen Teller gleiten lassen, wenden und auf der anderen Seite fertig backen.

Crêpes mit Zucchiniblüten

120 g Mehl
Salz
2 Eier
150 ml Milch
20 g Butter
Butter zum Braten
4 Zucchiniblüten

◆ Mehl, Salz, Eier und die Milch zu einem glatten Teig rühren und 1 Stunde ruhen lassen.

◆ Die Butter erwärmen und dazugeben.

◆ Eine Bratpfanne mit Butter ausstreichen und darin portionenweise den Teig zu kleinen, dünnen Pfannkuchen ausbacken. Warm stellen.

◆ Die Zucchiniblüten öffnen und reinigen. In der Pfanne nochmals etwas Butter schmelzen, die Blüten darin rasch heiss werden lassen. Auf jede Crêpe eine Blüte geben und aufrollen. Sofort geniessen!

Kolokithakia aus Griechenland

2–3 Zucchini
1 TL Salz
3 Eier
1 Tasse geraspelter Fetakäse
1 ½ TL fein geschnittene frische Minze
3 EL Mehl
Pfeffer
Butter

◆ Die Zucchini raspeln (es sollte 3 Tassen ergeben), mit dem Salz mischen und 1 Stunde ziehen lassen. Ausdrücken.
◆ Die Eier verklopfen. Zusammen mit dem Fetakäse, der Minze, dem Mehl und dem Pfeffer unter die Zucchini mischen.
◆ Daraus kleine Plätzchen formen und in mässig heisser Butter auf beiden Seiten ausbacken.

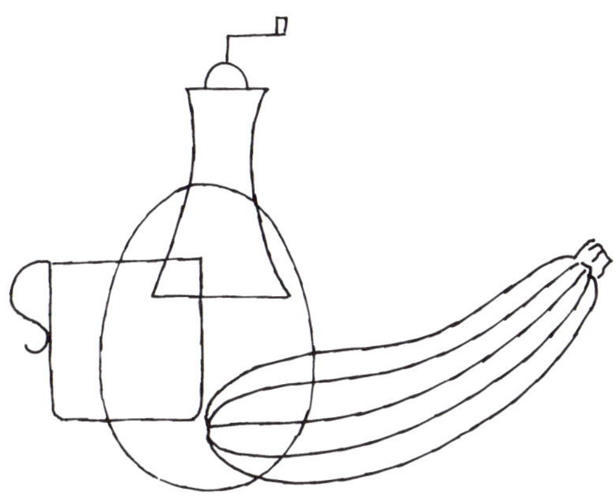

Zucchiniragout mit Pilzen

… in 10 Minuten gekocht!

2 Zucchini
2 Tassen Champignons
2 grosse Knoblauchzehen
Butter und Öl
Salz und Pfeffer
fein geschnittene Kräuter

◆ Die Zucchini in Scheibchen schneiden. Die Champignons putzen und ebenso wie die Knoblauchzehen fein schneiden.
◆ Butter und Öl erhitzen, den Knoblauch darin andünsten, die Zucchini und Champignons beigeben und unter ständigem Wenden garen. Mit Salz und Pfeffer würzen und mit fein geschnittenen Kräutern bestreuen.

Zucchini-Tomaten-Ragout

4 Zucchini
4 Tomaten
2 Knoblauchzehen
Öl
Salz und Pfeffer
viel Basilikum, fein geschnitten

◆ Die Zucchini in feine Scheiben schneiden, die Tomaten entkernen und in Würfel schneiden.
◆ Die Knoblauchzehen schälen, halbieren und im heissen Öl rösten. Zucchini und Tomaten beigeben und unter stetem Wenden garen. Mit Salz und Pfeffer würzen und mit dem Basilikum bestreuen.

Zucchiniragout aus dem Languedoc

1 Zucchini
2 Tomaten
1 grosse Zwiebel
Öl
Salz und Pfeffer
1 Thymianzweig
1 Handvoll schwarze Oliven

◆ Die Zucchini schälen, die Tomaten entkernen und beides in Würfel schneiden.
◆ Die Zwiebel in Scheiben schneiden und in heissem Öl rösten. Die Zucchiniwürfel beigeben und mitdünsten, dann die Tomaten dazugeben. Mit Salz und Pfeffer würzen, den Thymianzweig und die Oliven beigeben. 30 Minuten schmoren lassen.

Tip:
Dazu passen Lammkoteletts ausgezeichnet.

Ratatouille à ma façon

Ratatouille à ma façon

1 Aubergine
1 grosse oder 4 kleine Zucchini
2 rote Peperoni (Paprikaschoten)
2 Fleischtomaten
1 kleine Chilischote
1 grosse Zwiebel
2 Knoblauchzehen
6 EL Öl
Salz
1 Thymianzweig und 1 Lorbeerblatt

◆ Die Aubergine längs in 6 mm dicke Scheiben schneiden. Diese mit Salz bestreuen und zugedeckt etwa 30 Minuten stehen lassen, bis der Saft austritt. Ausdrücken. Die Scheiben in Streifen schneiden.

◆ Die Zucchini längs vierteln, die Kerne wegschneiden und das Fleisch würfeln. Die Peperoni entkernen und in Streifen schneiden. Die Tomaten halbieren, entkernen und klein schneiden. Die Chilischote längs halbieren und die Kerne gründlich entfernen. Die Zwiebel in Streifen, Knoblauch und Chilischote fein schneiden.

◆ Das Öl erhitzen und darin nacheinander Zwiebel, Knoblauch, Peperoni, Chili, Aubergine, Zucchini und zuletzt die Tomaten bei guter Hitze dünsten. Salz, den Thymianzweig und das Lorbeerblatt beigeben und 1 Stunde köcheln lassen.

◆ Während der letzten Viertelstunde nach Belieben die Flüssigkeit im offenen Topf verdampfen lassen.

Zucchini mit Sugo

Sugo:
1 grosse Zwiebel
100 g Speckwürfelchen
2 EL Öl
200 g Rindfleisch, gehackt
1 Fleischtomate
1 EL Tomatenpüree
1 Karotte
Salz und Pfeffer
viel Basilikum und Petersilie, fein geschnitten
Olivenöl

2 grosse oder 4 kleine Zucchini

◆ Die Zwiebel fein schneiden und zusammen mit den Speckwürfelchen im heissen Öl rösten. Das Rindfleisch beigeben und kräftig anbraten.

◆ Die Tomate entkernen und in Würfel schneiden, die Karotte fein reiben. Beides zusammen mit dem Tomatenpüree beigeben und mitdünsten. Mit Salz und Pfeffer würzen und den Sugo 40 Minuten köcheln lassen.

◆ Inzwischen die Zucchini halbieren und grobe Kerne entfernen. Die Zucchinihälften in wenig Salzwasser etwa 10 Minuten weich kochen.

◆ Die fein geschnittenen Kräuter unter den Sugo mischen, über die Zucchinihälften giessen und mit etwas Olivenöl beträufeln. Mit Basilikumblättern dekorieren.

Zucchinigemüse mit Schinken

1 grosse oder 4 kleine Zucchini
200 g Schinken
Butter
geriebener Emmentaler oder
4 Spiegeleier

◆ Die Zucchini in kleine Würfel schneiden und in wenig Bouillon weich kochen. Abtropfen lassen.

◆ Den Schinken in feine Streifen schneiden und in wenig Butter anbraten. Unter die Zucchini mischen.

◆ Mit geriebenem Käse bestreuen oder auf jede Portion ein knusprig gebackenes Spiegelei geben.

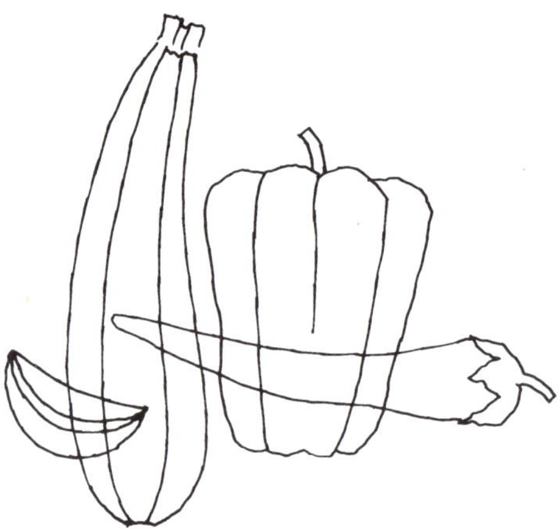

Pikanter Zucchinireis

1 Zucchini
1 Zwiebel
1 Knoblauchzehe
1 Peperoni (Paprikaschote)
1 kleine Chilischote
Olivenöl
1 Tasse Reis
1 Tasse Bouillon
½ Tasse Weisswein
nach Belieben Parmesan

◆ Die Zucchini schälen, der Länge nach vierteln, die Kerne entfernen und das Fleisch in Würfel schneiden. In wenig Wasser knapp weich kochen.

◆ Zwiebel und Knoblauch schälen, Peperoni und Chilischote entkernen und alles fein schneiden. Im heissen Olivenöl zuerst Zwiebel und Knoblauch, dann Peperoni und Chili andünsten. Den Reis waschen, beigeben und mitdünsten. Mit Bouillon und Weisswein ablöschen und 20 Minuten köcheln lassen. Die Zucchiniwürfel sorgfältig unterheben und nochmals einige Minuten mitkochen.

◆ Nach Belieben Parmesan darüberstreuen oder dazu reichen.

Zucchini à l'aïoli

2 grosse oder 4–6 kleine Zucchini
1 Portion Sauce aïoli (Rezept Seite 68)

◆ Die Zucchini in Stücke schneiden und knapp weich kochen. Auskühlen lassen.
◆ Die Sauce aïoli zubereiten und separat dazu reichen.

Tip:
Für eine bunte Gemüseplatte eignen sich auch ausgezeichnet Karotten, Broccoli, grüne Bohnen, Stangensellerie und Kartoffeln in der Schale.

Zucchini mit Curry

4 Zucchini
1 Zwiebel
Butter und Öl
Salz und Pfeffer
1 EL Curry
1 Tasse Bouillon
½ Tasse Parfumreis

◆ Zucchini und Zwiebel fein schneiden.
◆ Butter und Öl erhitzen. Zuerst die Zwiebel, dann die Zucchini darin andünsten. Mit Salz und Pfeffer würzen. Den Curry und die Bouillon darunterrühren.
◆ Den Reis waschen, über das Gemüse streuen und 20–30 Minuten köcheln lassen.

Zucchini-Kuttel-Eintopf

Ein sehr einfaches, preisgünstiges Gericht, das aber ein Hit werden könnte!

6 Zucchini
2 Tomaten
1 Zwiebel oder 3 Schalotten
2 Knoblauchzehen
Butter und Öl
500 g Kutteln, vorgekocht
50 ml Weisswein
Salz und Pfeffer
1 Becher (180 g) Sauerrahm
reichlich Kräuter, gehackt

◆ Die Zucchini in Scheiben schneiden. Die Tomaten entkernen und in Würfel schneiden. Zwiebel und Knoblauch fein schneiden.
◆ Butter und Öl erhitzen. Zwiebel und Knoblauch darin dünsten, bis sie etwas Farbe annehmen. Die Kutteln beigeben und mitdämpfen. Dann das Gemüse beifügen, mit dem Weisswein ablöschen und mit Salz und Pfeffer würzen. Den Sauerrahm sorgfältig darunterziehen und grosszügig mit gehackten Kräutern bestreuen.

Zucchini-Kartoffel-Püree

4 Zucchini
4 Kartoffeln
200 ml Milch
20 g Butter
Muskatnuss

◆ Die Zucchini in Stücke schneiden und in wenig Salzwasser weich kochen.
◆ Die Kartoffeln schälen, ebenfalls in Stücke schneiden und weich kochen. Beide Gemüse pürieren.
◆ Die Milch mit der Butter und Muskatnuss aufkochen, das Gemüsepüree dazugeben und mit dem Schneebesen luftig schlagen.

Tip:
Passt als Beilage gut zu Fleisch mit Sauce, z.B. Kaninchen- oder Kalbsragout.

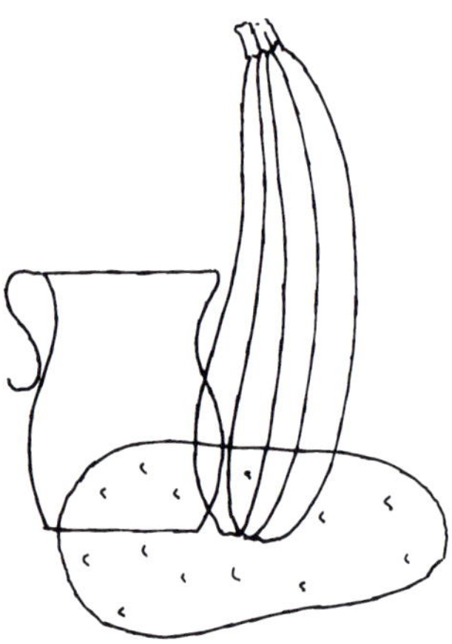

Zucchinireis mit Fischfilets

2 grosse oder 4 kleine Zucchini
1 Tasse Reis
8 Felchenfilets
Salz und Pfeffer
Mehl
Butter

Sauce:
1 Schalotte
Butter
2 Tomaten
2 EL Kapern
2 EL gehackte Petersilie
1 Becher (180 g) Sauerrahm
Salz, Paprika
Zitronensaft

◆ Die Zucchini in Würfel schneiden und weich kochen.
◆ Den Reis waschen, gar kochen und sorgfältig mit den Zucchini mischen. Warm stellen.
◆ Die Fischfilets waschen, trocken tupfen, mit Salz und Pfeffer würzen und in Mehl wenden. In Butter auf beiden Seiten goldbraun braten. Auf dem Zucchinireis anrichten.
◆ Für die Sauce die Schalotte fein schneiden und in Butter andünsten. Die Tomaten entkernen und klein würfeln. Zusammen mit den Kapern und der Petersilie zugeben. Den Sauerrahm mit Salz, Paprika und Zitronensaft vermischen, zur Sauce geben und nur noch heiss werden lassen. Die Sauce über die Fischfilets giessen und servieren.

Zucchini mit Käsesauce

2 grosse oder 4 kleine Zucchini
wenig Bouillon
1 Tasse Béchamelsauce (Rezept Seite 69)
100 g Greyerzer, gerieben
2 EL Weisswein
1 Handvoll Petersilie, fein geschnitten

◆ Die Zucchini schälen, halbieren, die Kerne entfernen. Die Zucchini in wenig Bouillon weich kochen.

◆ Die Béchamelsauce mit dem Käse mischen, den Weisswein und die Petersilie zugeben und die Sauce heiss über die Zucchini giessen.

Tip für Knoblauchliebhaber:
Zusätzlich 2 grosse Knoblauchzehen in die Béchamelsauce pressen.

Zucchini-Tomaten-Gratin

4 Zucchini
4 Tomaten
Butter
4 EL Paniermehl
Butterflocken
1 Becher (180 g) Rahm
Salz und Pfeffer

◆ Den Ofen auf 180 Grad vorheizen.
◆ Die Zucchini halbieren. Die Tomaten in Scheiben schneiden.
◆ Eine Auflaufform mit Butter ausstreichen. Die Zucchinihälften in die Form geben und mit den Tomatenscheiben belegen. Mit Paniermehl bestreuen und Butterflocken darüber verteilen.
◆ Den Rahm mit Salz und Pfeffer verrühren und darübergiessen. Im vorgeheizten Ofen 40 Minuten überbacken.

Zucchini-Schinken-Gratin

Butter
4 Zucchini
1 Tasse gemischte Kräuter, gehackt
100 ml Rahm
Salz und Pfeffer
1 TL Paprika edelsüss
200 g Schinken

◆ Den Ofen auf 200 Grad vorheizen. Eine Auflaufform mit Butter ausstreichen.
◆ Die Zucchini in feine Scheiben schneiden. In die Form geben. Mit den Kräutern bestreuen.
◆ Den Rahm mit Salz, Pfeffer und Paprika vermischen und über die Zucchini giessen. Den Schinken grob hacken und darüber verteilen.
◆ Im vorgeheizten Ofen 30 Minuten überbacken.

Zucchinigratin milanese

2 Zucchini
Butter
4 Eier
Salz und Pfeffer
4 EL Parmesan
Butterflocken

◆ Die Zucchini schälen, längs halbieren, etwas aushöhlen und in insgesamt 8 Stücke schneiden. In wenig Salzwasser 10 Minuten kochen. Abtropfen lassen.
◆ Den Ofen auf 200 Grad vorheizen.
◆ Eine Auflaufform mit Butter ausstreichen. Die Zucchini hineingeben. Ein Ei nach dem anderen aufschlagen und sorgfältig auf die Zucchini gleiten lassen. Mit Salz, Pfeffer und dem Parmesan bestreuen und einige Butterflocken darüber verteilen.
◆ Im vorgeheizten Ofen 30 Minuten backen.

Zucchini-Reis-Gratin

4 Zucchini
4 Tomaten
150 g Speckwürfelchen
1 Tasse Reis
Salz und Pfeffer
Olivenöl

◆ Die Zucchini und Tomaten in Scheiben schneiden.
◆ Den Ofen auf 180 Grad vorheizen.
◆ Die Speckwürfelchen in eine Gratinform streuen. Zucchini- und Tomatenscheiben abwechslungsweise in die Form schichten; mit einer Schicht Zucchini abschliessen.
◆ Den Reis waschen und darüber verteilen. Nochmals mit einer Schicht Tomatenscheiben bedecken. Mit Salz und Pfeffer würzen und etwas Olivenöl darüberträufeln.
◆ Im vorgeheizten Ofen 45 Minuten überbacken.

Einfacher Zucchinigratin

3 Zucchini
Butter
1 Handvoll Paniermehl
150 g Emmentaler, gerieben
1 Ei
100 ml Rahm
Salz und Pfeffer
1 grosse Zwiebel
Öl

◆ Die Zucchini schälen, längs halbieren, etwas aushöhlen und in insgesamt 6 Stücke schneiden. In wenig Salzwasser weich kochen. Abtropfen lassen.
◆ Den Ofen auf 180 Grad vorheizen.
◆ Eine Gratinform mit Butter ausstreichen. Die Zucchini hineinlegen. Das Paniermehl mit dem geriebenen Käse mischen und darüber verteilen. Das Ei mit dem Rahm, Salz und Pfeffer verrühren und darübergiessen.
◆ Die Zwiebel in feine Streifen schneiden und in wenig Öl unter häufigem Wenden goldbraun braten. Über das Gemüse verteilen. Im vorgeheizten Ofen 30 Minuten überbacken.

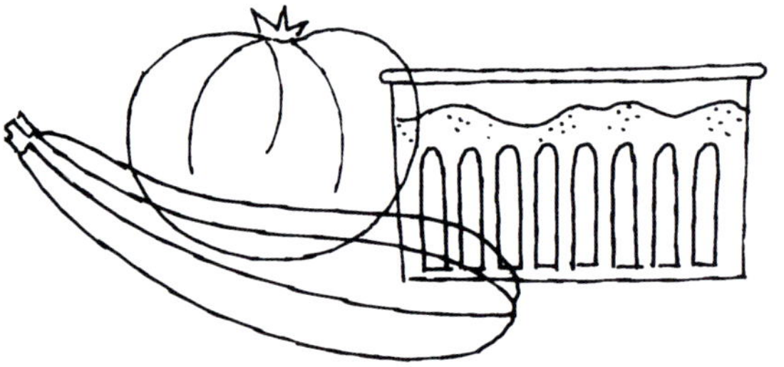

Waadtländer Zucchinigratin

4–6 Zucchini
Butter
1 Waadtländer Bratwurst (grobe Schweinsbratwurst; ca. 250 g)
1 Zwiebel
Öl
Kräuter, gehackt
Salz und Pfeffer
1 Ei
2 EL Paniermehl
2–3 Knoblauchzehen
Paniermehl
Butterflocken

◆ Die Zucchini schälen, längs halbieren und die Kerne entfernen. Die Zucchini in wenig Salzwasser knapp gar kochen.
◆ Den Ofen auf 200 Grad vorheizen. Eine Form mit Butter ausstreichen und die Zucchini hineinlegen.
◆ Die Bratwurst längs einschneiden und das Brät herauslösen. Die Zwiebel fein schneiden und in wenig Öl andünsten. Die gehackten Kräuter beigeben und kurz mitdünsten. Auskühlen lassen. Würzen und mit dem Wurstbrät, dem Ei, Paniermehl und den durchgepressten Knoblauchzehen mischen.
◆ Die Wurstbrätmasse über die Zucchini verteilen und im Ofen 30 Minuten überbacken.

Zucchini-Brot-Gratin

1–2 Zucchini
4 Tomaten
altbackenes Brot oder 1 Pariserbrot
150 g Emmentaler oder Greyerzer
4 EL Weisswein
4 EL Milch
Butter
1–2 Eier
400 ml Milch
Salz und Pfeffer
Paprika edelsüss

◆ Die Zucchini schälen, in dicke Scheiben schneiden und in wenig Salzwasser knapp weich kochen. Abtropfen lassen.
◆ Die Tomaten in dicke Scheiben schneiden. Das Brot in etwa 1 cm dicke, den Käse in 3 mm dicke Scheiben schneiden. Die Brotscheiben mit Weisswein und Milch beträufeln.
◆ Den Ofen auf 200 Grad vorheizen. Eine Gratinform mit Butter ausstreichen. Gemüse, Brot- und Käsescheiben fächerartig in die Form schichten.
◆ Die Eier mit der Milch und den Gewürzen verklopfen und darübergiessen. Im vorgeheizten Ofen 40 Minuten gratinieren.

Zucchinigratin mit Kalbsbrät

4–6 Zucchini
Butter
1 Zwiebel
Öl
Kräuter, gehackt
Salz und Pfeffer
400 g Kalbsbrät
1 Ei
2 EL Paniermehl
Paniermehl zum Bestreuen
Butterflocken
1 Becher (180 g) Rahm

◆ Die Zucchini längs halbieren und leicht aushöhlen. In wenig Salzwasser knapp weich kochen.
◆ Eine Auflaufform mit Butter ausstreichen. Die Zucchini hineingeben.
◆ Den Ofen auf 200 Grad vorheizen.
◆ Die Zwiebel fein schneiden und in wenig Öl andünsten. Die gehackten Kräuter beigeben und kurz mitdünsten. Auskühlen lassen. Würzen und mit dem Kalbsbrät, dem Ei und 2 EL Paniermehl mischen. Die Masse auf die Zucchinistücke streichen.
◆ Mit Paniermehl bestreuen, einige Butterflöckchen darauf verteilen und den Rahm darübergiessen. Im vorgeheizten Ofen 40 Minuten backen. Falls nötig, nach etwa 30 Minuten mit Alufolie bedecken.

Variante:
Statt Paniermehl und Butterflocken kann man auch ½ Tasse Paniermehl und ½ Tasse geriebenen Greyerzer mischen, auf der Brätmasse verteilen und dann mit dem Rahm übergiessen.

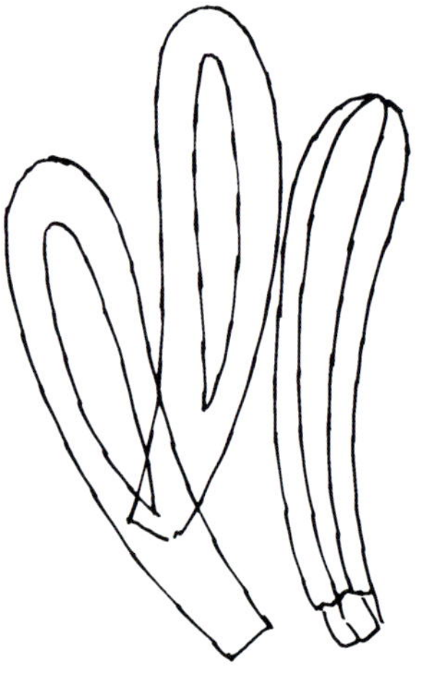

Zucchini-Emmentaler-Gratin

2 mittlere oder 6 kleine Zucchini
150 g Emmentaler
Butter
1 Ei
100 ml Rahm
2 Knoblauchzehen, durchgepresst
Salz und Pfeffer

◆ Die Zucchini grob raspeln, mit wenig Salz bestreuen, mischen und 10 Minuten ziehen lassen. Dann gut abtropfen lassen und ausdrücken.

◆ Den Käse grob raspeln und mit den Zucchini mischen.

◆ Den Ofen auf 200 Grad vorheizen und eine Gratinform mit Butter ausstreichen. Die Zucchini-Käse-Mischung einfüllen.

◆ Das Ei mit dem Rahm, Knoblauch, Salz und Pfeffer gut verklopfen und über das Gemüse giessen. Im vorgeheizten Ofen 30 Minuten backen.

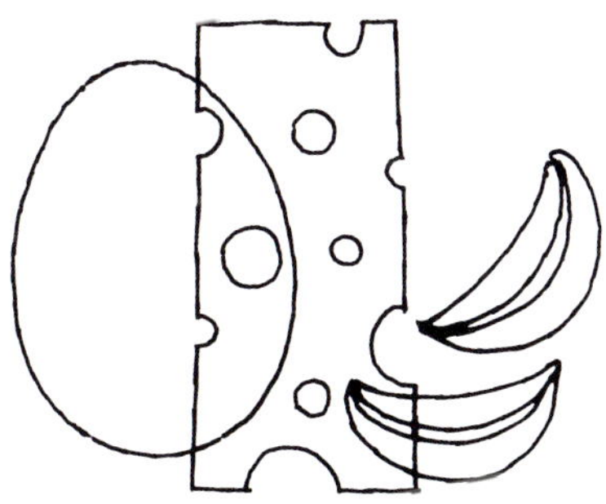

Gemüseschnitzel

2 Zucchini
1–2 Karotten
1 Stück Sellerie
1 Stange Lauch
1 Zwiebel
1 Handvoll Kräuter
1 Ei
4 EL Paniermehl
1 EL Mehl
wenig Milch
Salz und Pfeffer

Butter und Öl
1 Ei, verklopft
Paniermehl

◆ Die Zucchini grob raspeln. Karotten und Sellerie schälen und reiben. Den Lauch waschen, die groben Teile wegschneiden und den Rest sehr fein schneiden. Die Zwiebel und die Kräuter fein hacken. Alles Gemüse gut miteinander vermischen.
◆ Das Ei verklopfen und mit Paniermehl, Mehl, Milch, Salz und Pfeffer zum Gemüse geben. Zu einer gut formbaren Masse vermengen. Wenn nötig, noch etwas Paniermehl zugeben. Die Masse zu gleich grossen Kugeln formen und diese zu Schnitzeln flach drücken.
◆ Butter und Öl erhitzen. Die Gemüseschnitzel im verklopften Ei wenden, beidseitig mit Paniermehl bestreuen und langsam knusprig braten.

Tip:
Zum Anrichten auf jedes Schnitzel eine geöffnete, gereinigte Zucchiniblüte legen. Dazu reichlich grünen Salat reichen.

Zucchini-Kartoffel-Gratin

2 Zucchini
500 g (ca. 6 grosse) Kartoffeln
Butter
150 g Emmentaler, gerieben
1 Becher (180 g) Sauerrahm
1 Ei
Kräuter, gehackt
1 Knoblauchzehe
Salz und Pfeffer
Butterflöckchen

◆ Die Zucchini schälen, halbieren, entkernen und in Scheiben schneiden. In Salzwasser knapp weich kochen.
◆ Die Kartoffeln schälen, in dicke Scheiben schneiden und ebenfalls in Salzwasser weich kochen.
◆ Den Ofen auf 200 Grad vorheizen und eine Form mit Butter ausstreichen. Die Zucchini- und Kartoffelscheiben fächerartig einschichten.
◆ Den geriebenen Käse mit dem Sauerrahm, dem Ei, den Kräutern, dem durchgepressten Knoblauch, Salz und Pfeffer gut vermischen und über das Gemüse giessen. Butterflöckchen darüber verteilen und im vorgeheizten Ofen 30 Minuten backen.

Zucchini mit Käsesauce

4 Zucchini
Butter für die Form
1 EL Butter
1 EL Mehl
200 ml Milch
150 g Emmentaler oder Greyerzer
Salz und Pfeffer
Muskatnuss

◆ Die Zucchini in Scheiben schneiden und in wenig Salzwasser knapp weich kochen.
◆ Den Ofen auf 200 Grad vorheizen und eine Form mit Butter ausstreichen.
◆ Einen Esslöffel Butter schmelzen, das Mehl darin kurz rösten, mit der Milch ablöschen. Unter Rühren aufkochen und einige Minuten köcheln lassen. Den geriebenen Käse in die Sauce rühren und mit Salz, Pfeffer und Muskatnuss abschmecken.
◆ Die Sauce über die Zucchini giessen und im vorgeheizten Ofen 30 Minuten backen.

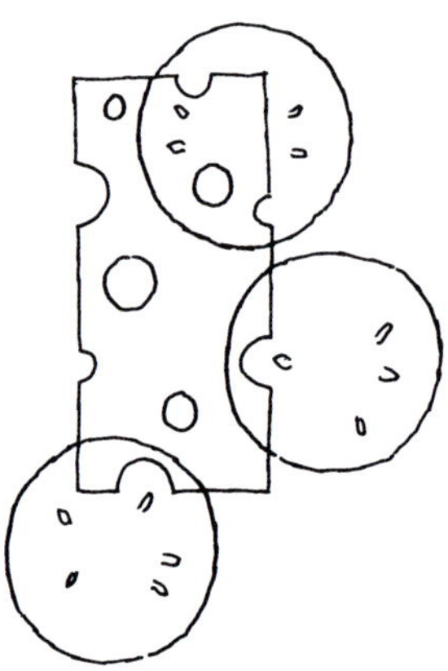

Rahmzucchini

Eine Delikatesse, die in 15 Minuten auf dem Tisch ist.

4 Zucchini
Butter und Öl
Salz und Pfeffer
100 ml Rahm
Zucchiniblüten

◆ Die Zucchini in feine Scheiben schneiden.
◆ Butter und Öl erhitzen und die Zucchini darin unter häufigem Wenden anbraten. Mit Salz und Pfeffer würzen und den Rahm dazugiessen. Die Zucchiniblüten fein schneiden und dazugeben.

Butterzucchini

4 Zucchini
20 g Butter
1–2 Knoblauchzehen
einige Zucchiniblüten

◆ Die Zucchini in Scheiben schneiden und in wenig Salzwasser (ca. 8 Minuten) knapp weich kochen. Abtropfen lassen und warm stellen.
◆ Die Butter hellbraun werden lassen. Die Knoblauchzehen dazupressen, verrühren und die Knoblauchbutter über die Zucchini giessen.
◆ Die Zucchiniblüten reinigen, fein schneiden und kurz in der noch heissen Pfanne schwenken. Über den Zucchini verteilen.

Zucchini-Rahm-Gratin

2 grosse oder 4–6 kleine Zucchini
Butter
2 Eier
1 Becher (180 g) Sauerrahm
1 Portion Persillade (Rezept Seite 69)
150 g Greyerzer, gerieben
50 g Parmesan, gerieben
Salz und Pfeffer
Butterflocken

◆ Die Zucchini schälen, in Würfel schneiden und in wenig Salzwasser knapp weich kochen.
◆ Den Ofen auf 200 Grad vorheizen und eine Form mit Butter ausstreichen. Die Zucchini in die Form geben.
◆ Die Eier verklopfen und mit dem Sauerrahm, der Persillade, dem geriebenen Käse, Salz und Pfeffer vermischen. Über die Zucchini giessen und einige Butterflocken darüber verteilen. Im vorgeheizten Ofen 30 Minuten backen.

Zucchini-Risotto

4 Zucchini
1 Tasse Reis
20 g Butter
2 Knoblauchzehen
1 ½ Tassen Hühnerbouillon
50 ml Rahm
50 g Parmesan, gerieben

◆ Die Zucchini in Würfel schneiden. Den Reis waschen.
◆ Die Butter erhitzen. Die Knoblauchzehen fein schneiden und in der Butter andünsten. Reis und Zucchini beigeben, gut durchrühren und mitdünsten. Mit der Bouillon ablöschen und 30 Minuten köcheln lassen.
◆ Den Rahm mit dem Parmesan vermischen und sorgfältig unter den Risotto ziehen.

Zucchini-Lasagne

2–3 Zucchini
½ l Béchamelsauce (Rezept Seite 69)
250 g Lasagne-Nudelblätter
Butter
100 g Parmesan, gerieben

◆ Die Zucchini schälen, in Stücke schneiden und in wenig Salzwasser weich kochen. Abtropfen lassen und pürieren.
◆ Die Béchamelsauce zubereiten.
◆ Die Lasagne-Nudelblätter nach Packungsanleitung kochen.
◆ Den Ofen auf 200 Grad vorheizen.
◆ Eine Form mit Butter ausstreichen. Mit Béchamelsauce beginnend, abwechselnd Schichten von Nudelblättern, Zucchinipüree und Parmesan einfüllen. Mit Béchamelsauce abschliessen und darüber Parmesan und Butterflocken verteilen.
◆ Im vorgeheizten Ofen 40 Minuten backen.

Zucchini-Burger

2 Zucchini
1 Schalotte
1 Handvoll Kräuter
Butter
200 g Rindfleisch, gehackt
1 Ei
2 EL Paniermehl
Salz und Pfeffer
Paprika edelsüss

Paniermehl
Butter und Öl

◆ Die Zucchini in kleine Würfel, die Schalotte und die Kräuter fein schneiden.
◆ Die Butter schmelzen und die Schalotte darin andünsten. Die Kräuter beigeben und mitdünsten. Auskühlen lassen.
◆ Das Rindfleisch in einer Schüssel gut mit dem Ei, dem Paniermehl, den Gewürzen, den Zucchini und der Kräutermischung vermengen und daraus Burger formen. In Paniermehl wenden und langsam auf beiden Seiten braun braten.

Tip:
Raffiniert werden die Zucchini-Burger, wenn man sie vor dem Braten quer einschneidet, eine Scheibe Käse hineinschiebt und wieder gut zudrückt.

Zucchini-Moussaka

4 Zucchini
1 Zwiebel
2 Knoblauchzehen
Öl
300 g Hackfleisch nach Belieben
1 Dose Tomaten, gehackt
1 Zweig Thymian
Salz und Pfeffer
2 EL Rahm
30 g Parmesan, gerieben
1 Handvoll Petersilie, gehackt
Butter

◆ Die Zucchini in dünne Scheiben schneiden.
◆ Zwiebel und Knoblauchzehen fein schneiden und in heissem Öl andünsten. Das Hackfleisch dazugeben und gut anbraten. Die Tomaten, den Thymianzweig, Salz und Pfeffer beifügen und 15 Minuten köcheln lassen.
◆ Den Rahm mit dem Parmesan und der Petersilie verrühren.
◆ Den Ofen auf 180 Grad vorheizen und eine Form mit Butter ausstreichen. Abwechslungsweise Zucchinischeiben und Fleischsauce in die Form füllen; mit einer Schicht Zucchini abschliessen. Die Rahm-Käse-Mischung daraufstreichen. Im vorgeheizten Ofen 30 Minuten goldbraun überbacken.

Zucchini-Burger

Ravioli alla panna mit Zucchinirädchen

Für 1 Person

- 1 Zucchini
- 1 Portion Ravioli
- Butter
- 100 ml Rahm
- Petersilie, gehackt

◆ Die Zucchini in feine Rädchen schneiden.

◆ Die Ravioli nach Anleitung in wenig Bouillon kochen, herausheben und warm stellen.

◆ Im Raviolisud die Zucchinirädchen 4 Minuten garen, dann abgiessen (den Sud für eine Suppe weiterverwenden).

◆ Etwas Butter schmelzen, die Zucchini und die Ravioli darin schwenken. Den Rahm darübergiessen, mit Petersilie bestreuen und nur noch heiss werden lassen.

Variante

- 1 Zucchini
- Butter
- 1 EL Tomatenpüree
- 100 ml Rahm
- Salz und Pfeffer
- Basilikum, gehackt

◆ Die Zucchini in Scheibchen schneiden. In der heissen Butter weich dünsten.

◆ Das Tomatenpüree im Rahm auflösen, über die Zucchini giessen, mit Salz und Pfeffer würzen und mit gehacktem Basilikum bestreuen.

◆ Zu den fertig gekochten Ravioli reichen.

Knoblauch-Zucchini

- 5 Zucchini
- 5 Knoblauchzehen
- 75 g Butter
- 2 Eigelb
- 2 EL Rahm
- Salz und Pfeffer
- Paprika edelsüss
- Butter

◆ Die Zucchini in dünne Scheiben, die Knoblauchzehen fein schneiden. Beides zusammen in wenig Salzwasser blanchieren. Abtropfen lassen.

◆ Die Butter schmelzen und abkühlen lassen. Die Eigelbe und den Rahm daruntermischen. Mit Salz, Pfeffer und Paprika würzen.

◆ Den Ofen auf 200 Grad vorheizen und eine Form mit Butter ausstreichen. Die Zucchini hineingeben, mit der Buttercreme begiessen und im vorgeheizten Ofen 40 Minuten backen.

Variante:

Zusätzlich noch 100 g geriebenen Parmesan darüberstreuen.

Zucchini Balkan

4 Zucchini
Butter
1 Zwiebel
4 Knoblauchzehen
1 grüne Peperoni (Paprikaschote)
1 grosse Tomate
Olivenöl
Salz und Pfeffer
wenig Bouillon
300 g Lamm- oder Schaffleisch, gehackt
100 g Schafskäse
1 Becher (180 g) Joghurt

◆ Die Zucchini schälen, halbieren, etwas aushöhlen und in wenig Salzwasser knapp weich kochen.

◆ Eine Form mit Butter ausstreichen und die Zucchinihälften hineinsetzen.

◆ Zwiebel, Knoblauch, Peperoni und Tomate fein schneiden. In heissem Öl andünsten. Mit Salz und Pfeffer würzen, die Bouillon dazugiessen und 10 Minuten köcheln lassen.

◆ Den Ofen auf 200 Grad vorheizen.

◆ Das Lammfleisch in Öl scharf anbraten, mit Salz und Pfeffer würzen, das klein geschnittene Gemüse dazugeben und weitere 10 Minuten kochen. Das Ganze über die Zucchinihälften verteilen.

◆ Den Schafskäse würfeln, unter den Joghurt mischen und über das Fleisch geben.

◆ Im vorgeheizten Ofen 30–40 Minuten backen.

Gefüllte Zucchini mit Mortadella

4 Zucchini
Butter
150 g Mortadella
1 Ei
2 EL Paniermehl
Butterflocken
evtl. etwas Öl oder Bouillon

◆ Die Zucchini längs halbieren, etwas aushöhlen (das Fruchtfleisch für die Füllung weiterverwenden). Die Zucchinihälften in wenig Salzwasser knapp weich kochen. Gut abtropfen lassen und in eine ausgebutterte Form setzen.

◆ Den Ofen auf 180 Grad vorheizen.

◆ Die Mortadella mit dem herausgelösten Fruchtfleisch pürieren. Das Ei darunterrühren. Die Masse in die ausgehöhlten Zucchini füllen. Paniermehl und Butterflocken darüber verteilen. Nach Belieben etwas vom Gemüsesud, Öl oder Bouillon dazugiessen und die Zucchini im vorgeheizten Ofen 30 Minuten backen.

Zucchini-Schinken-Quiche

250 g Teig
2 Zucchini
100 g Schinken
1 Ei
100 ml Rahm
Zucchiniblüten, fein geschnitten
Salz und Pfeffer

◆ Ein rundes Kuchenblech mit dem Teig auslegen, einstechen.
◆ Die Zucchini schälen, längs vierteln, die Kerne entfernen, das Fruchtfleisch in Stücke schneiden und in wenig Salzwasser weich kochen. Auskühlen lassen und pürieren.
◆ Den Ofen auf 200 Grad vorheizen.
◆ Den Schinken in feine Streifen schneiden. Mit dem verklopften Ei, dem Rahm, den Zucchiniblütenstreifen, Salz und Pfeffer mischen und unter das Zucchinipüree ziehen. Die Masse auf den Teig streichen und im vorgeheizten Ofen 40 Minuten backen.

Zucchini-Crostata

250 g Teig
4 kleine Zucchini
3 Eier
100 ml Milch
75 g Parmesan, gerieben
Salz und Pfeffer
Basilikum, geschnitten

◆ Ein rundes Kuchenblech mit dem Teig auslegen, einstechen.
◆ Den Ofen auf 200 Grad vorheizen.
◆ Die Zucchini raspeln. Die Eier verquirlen und unter die Zucchini mischen.
◆ Die Milch mit dem geriebenen Parmesan, Salz, Pfeffer und Basilikum verrühren und zur Zucchinimasse geben. Die Masse auf den Teig streichen und im vorgeheizten Ofen etwa 40 Minuten goldbraun backen.

Zucchini-Pizza

250 g Pizzateig
2 Zucchini
Butter
150 g Mozzarella
1 Zwiebel
Salz und Pfeffer
Butterflocken

◆ Den Ofen auf 200 Grad vorheizen. Ein Blech mit dem Pizzateig auslegen.
◆ Die Zucchini schälen, halbieren, entkernen, in Scheiben schneiden und in Butter etwa 4 Minuten dünsten. Auf dem Teig verteilen.
◆ Den Mozzarella in kleine Würfel schneiden und darüberstreuen. Die Zwiebel in feine Streifen schneiden und über dem Mozzarella verteilen. Mit Salz und Pfeffer würzen und mit Butterflocken belegen. Im vorgeheizten Ofen 40 Minuten backen.

Zucchini-Tomaten-Wähe

250 g Teig
2–3 Zucchini
1 Fleischtomate
2 Eier
200 ml Sauerrahm
Salz und Pfeffer
50 g Sbrinz oder Parmesan, gerieben

◆ Den Ofen auf 200 Grad vorheizen.
◆ Ein rundes Kuchenblech mit dem Teig auslegen, einstechen.
◆ Die Zucchini in Scheiben schneiden und kreisförmig auf dem Teigboden auslegen. Die Tomate halbieren, entkernen und in Würfelchen schneiden. Auf den Zucchini verteilen.
◆ Die Eier mit dem Sauerrahm, Salz und Pfeffer sowie dem geriebenen Käse gut verrühren und über das Gemüse geben.
◆ Im vorgeheizten Ofen 45 Minuten backen.

Tip:
Dazu gehört natürlich viel grüner Salat.

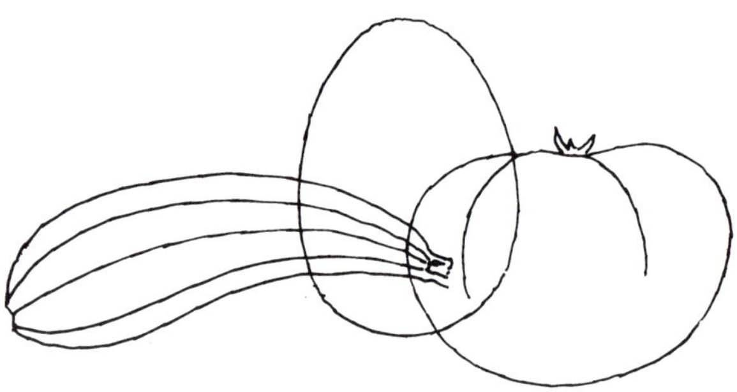

Zucchini-Tomaten-Wähe

Mayonnaise

I Ei
Senf
Essig oder Zitronensaft
Salz
500 ml Maiskeimöl

◆ Wichtig: Alle Zutaten müssen zimmerwarm sein.
◆ Das Eigelb in eine Schüssel geben (das Eiweiss anderweitig verwenden). Wenig Senf, Essig oder Zitronensaft und Salz dazurühren. Das Öl langsam einlaufen lassen und einarbeiten. Wenn die Mayonnaise zu dickflüssig ist, einen Spritzer Essig oder Zitronensaft beigeben. Nach Belieben abschmecken.

Aïoli

Knoblauch-Mayonnaise

◆ Zubereiten wie die Mayonnaise. Neben den übrigen Würzzutaten noch 3–4 Knoblauchzehen zum Eigelb in die Schüssel pressen. Nach Belieben statt Maiskeimöl Olivenöl verwenden.

Pistou

Basilikumsauce aus dem Languedoc

4 Knoblauchzehen
I Handvoll Basilikum
Salz
2 EL Tomatenpüree
200 ml Olivenöl

◆ Die Knoblauchzehen schälen und wenn möglich im Mörser zerdrücken.
◆ Das Basilikum fein schneiden, unter den Knoblauch mischen und zu einer feinen grünen Paste stampfen.
◆ Nacheinander etwas Salz, das Tomatenpüree und das Olivenöl einrühren.

Tip:
Für eine währschaftere Sauce kann man noch zwei geriebene gekochte Kartoffeln daruntermischen.

Vinaigrette

I Prise Salz
Pfeffer
I Schalotte, fein geschnitten
I Ei, gekocht
2 EL Kräuter
I Essiggurke
einige Kapern, nach Belieben
4 EL Öl
2 EL Essig

◆ Alle Zutaten gut miteinander verrühren.

Persillade

2 Knoblauchzehen
reichlich Petersilie
1 Prise Salz
Pfeffer
5 EL Olivenöl
2 EL Weinessig

◆ Die Knoblauchzehen hacken. Die Petersilienblättchen darüberlegen und alles zusammen möglichst fein schneiden.
◆ Mit Salz, Pfeffer, Olivenöl und Essig gut verrühren.

Zucchinisauce

2 Zucchini
100 ml Rahm
50 g Parmesan, gerieben
Basilikum, fein geschnitten

◆ Die Zucchini schälen, die Kerne entfernen, das Fruchtfleisch in Stücke schneiden und in wenig Salzwasser weich kochen. Abtropfen lassen und pürieren.
◆ Den Rahm mit dem Parmesan und dem Basilikum mischen und unter das Zucchinipüree rühren.

Tip:
Die Sauce schmeckt wunderbar zu Spaghetti. Besonders raffiniert mit kleinen, in Butter gerösteten Brotwürfelchen bestreut.

Quarksauce

150 g Rahmquark
½ Becher (90 g) Joghurt
½ Zitrone, Saft
Salz und Pfeffer
1 Handvoll Kräuter, fein geschnitten

◆ Alle Zutaten gut verrühren.

Béchamelsauce

30 g Butter oder Öl
50 g Mehl
½ l Gemüsesud mit Milch gemischt oder Bouillon
Salz, Pfeffer
Muskatnuss, nach Belieben

◆ Das Mehl im warmen Fett dünsten.
◆ Mit Gemüsesud und Milch oder Bouillon ablöschen.
◆ Mit Salz und Pfeffer und nach Belieben Muskatnuss abschmecken.

Tomatensauce

1 grosse Zwiebel
2 grosse Knoblauchzehen
5 EL Olivenöl
4 Fleischtomaten
1 Prise Zucker oder 1 Karotte, geraspelt
Salz und Pfeffer
10 schwarze Oliven
1 Thymianzweig

◆ Zwiebel und Knoblauch fein schneiden und im Öl andünsten.
◆ Die Tomaten entkernen, in Würfel schneiden und ebenfalls mitdünsten.
◆ Den Zucker oder die geraspelte Karotte dazugeben und mit Salz und Pfeffer würzen. Die Oliven in die Sauce schneiden und den Thymianzweig zugeben. Bei geringer Hitze etwa 40 Minuten köcheln lassen.

Einfache Zucchinisauce

Zucchini und Zwiebeln zu gleichen Teilen
Öl
Salz und Pfeffer

◆ Zucchini und Zwiebeln schälen und auf der Röstiraffel reiben. In heissem Öl unter fleissigem Wenden anbraten. Salzen, pfeffern und im eigenen Saft weich dünsten.

Tip:
Passt ausgezeichnet zu Bratkartoffeln und Lammkoteletts.

Gemüsesauce

2 Zwiebeln
4 Knoblauchzehen
6 Karotten
4 Zucchini
4 Tomaten
4 EL Tomatenpüree
1 Chilischote
6 EL Öl
wenig Bouillon und evtl. Rotwein

◆ Sämtliches Gemüse fein schneiden.
◆ Öl erhitzen und das Gemüse in der angegebenen Reihenfolge andünsten. Mit Bouillon und nach Belieben Rotwein ablöschen und 2 Stunden köcheln lassen.

Tips:
Es lohnt sich, von dieser Sauce die doppelte Menge zu kochen (Kochzeit!) und als Vorrat portionenweise in Gefrierdosen einzufrieren.
Passt besonders fein zu Teigwaren, Reis oder Mais.

Variante mit Fleisch:
Hackfleisch in Öl kräftig anbraten, zur Sauce geben und 2 Stunden mitköcheln lassen.

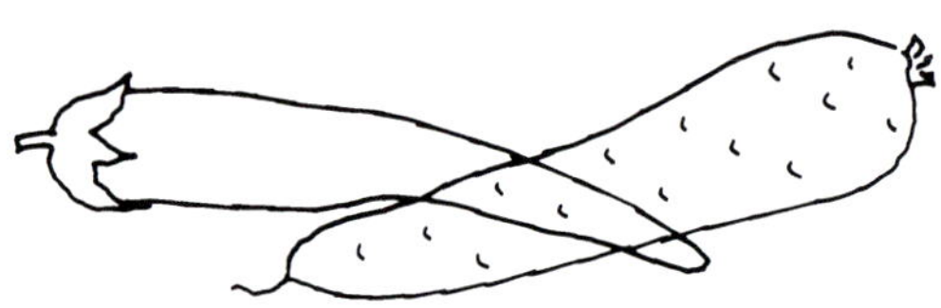

Gemüsesauce

Mein Kräutervorrat

Petersilie
Schnittlauch
Liebstöckel
Basilikum
Majoran
Estragon usw.

◆ Im Sommer, wenn im eigenen Garten und auf den Märkten alles im Überfluss frisch vorhanden ist, möglichst viele verschiedene Kräuter trocknen. Dann durch ein Haarsieb drücken und die kostbare Mischung in Gläsern gut verschlossen aufbewahren.

Zucchinipüree einfrieren

◆ Zucchini schälen, in wenig Wasser weich kochen, abtropfen lassen, pürieren und erkalten lassen. Portionenweise in Gefrierbehälter füllen, beschriften und einfrieren.
◆ Eingefrorenes Zucchinipüree eignet sich für Suppen, Saucen, als Beilage zu Fleisch und Bratkartoffeln oder für ein Zucchini-Kartoffel-Püree.

Tip:
Dem Püree frische, fein geschnittene Kräuter beimischen.

Zucchiniblüten einfrieren

◆ Die Blüten öffnen, die Stempel entfernen, die Blüten reinigen (nicht waschen) und ganz oder in Streifen geschnitten einfrieren.
◆ Die Blüten bringen etwas Sonnenschein in kalte Wintertage!

Zucchini-Konfitüre

2 Zucchini (500 g)
4 Äpfel (300 g)
800 g Rohzucker
Agar-Agar

◆ Die Zucchini schälen, entkernen und in Würfel schneiden. Die Äpfel ebenfalls schälen und in Stücke schneiden.
◆ Zucchini und Äpfel zusammen mit dem Rohzucker und dem Agar-Agar unter häufigem Wenden einkochen. In kleine Gläser füllen und gut verschliessen.
◆ Haltbarkeit: bis 1 Jahr.

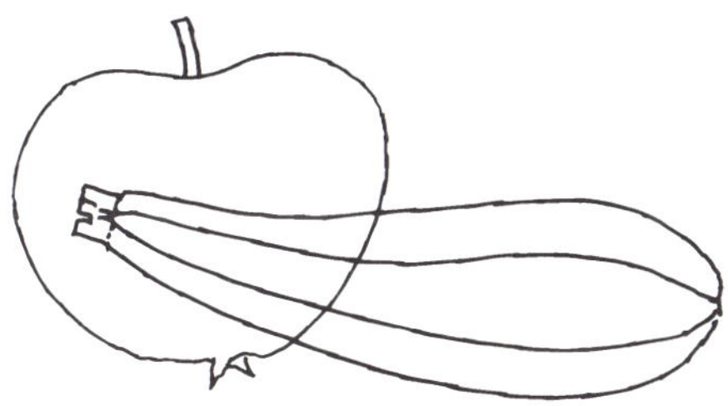

Chutney

500 g Gemüse und Früchte
zu gleichen Teilen (Zucchini, Äpfel,
grüne Tomaten, Mirabellen, Gurken usw.)
4 grosse Knoblauchzehen
1 Chilischote
1 Prise Salz
3 EL Rohzucker
½ TL Jeera (indische Gewürzmischung)
1 TL Ingwer
50 ml Essig

◆ Das Gemüse, die Früchte, die Knoblauchzehen und die entkernte Chilischote fein schneiden. Zusammen mit den übrigen Zutaten in einen grossen Topf geben, alles gut vermengen und aufkochen. Auf kleinem Feuer 40–60 Minuten kochen, dann sehr heiss in Gläser füllen und sofort gut verschliessen.

◆ Haltbarkeit: bis 1 Jahr.

Tip:

Für einen lange haltbaren Vorrat zusätzlich 30 Minuten sterilisieren. Dazu die gefüllten, verschlossenen Gläser bei 200 Grad 30 Minuten in den Backofen stellen. Im Ofen auskühlen lassen.

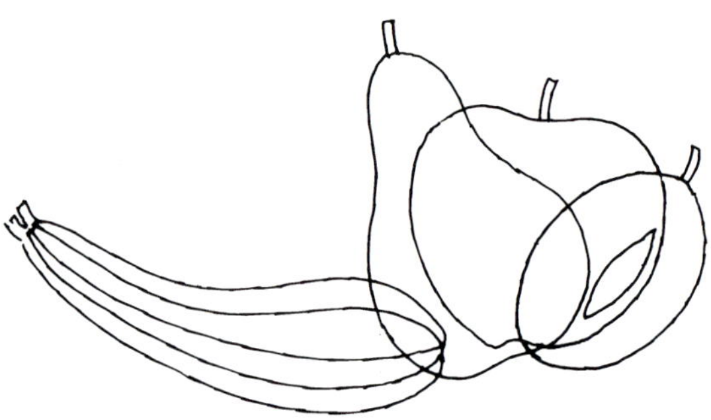

Zucchini Napoli

Zucchini
Salz
1 l Wasser
1 l Essig
Knoblauch
getrockneter Oregano
Olivenöl

◆ Die Zucchini schälen, in Würfel schneiden, in eine Schüssel geben und mit Salz bestreuen. Mit einem Küchentuch bedeckt 24 Stunden ziehen lassen. In einem Sieb abtropfen lassen.

◆ Wasser und Essig miteinander aufkochen, die Zucchiniwürfel kurz darin überwallen, dann abtropfen lassen. Dazu in ein Sieb ein Stück Gaze oder ein feines Küchentuch legen, das Gemüse daraufgeben und gut auspressen. Es sollte zuletzt keine Flüssigkeit mehr austreten.

◆ Zurück in die Schüssel geben und mit reichlich gehacktem Knoblauch, Oregano und Olivenöl mischen. Sehr dicht in Gläser füllen, zuletzt mit einer Schicht Olivenöl abdecken und gut verschliessen.

Tip:

Auf dieselbe Weise kann man auch grüne Tomaten oder Auberginen einmachen.

Haltbarkeit: bis 6 Monate.

Rezeptverzeichnis

Gratins – Aufläufe

Delikate Gerichte

Wähen, Quiches und Pizzas

Saucen

Vorräte

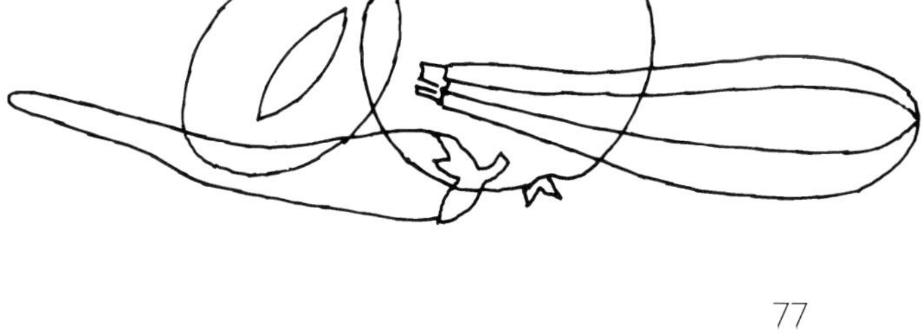

In derselben Reihe sind bisher erschienen:

Karin Messerli
Chili, Peperoni, Paprika
Die besten Rezepte

Chili, Peperoni und Paprika entfalten ihre Qualitäten nicht nur auf dem Gaumen; sie beugen auch Erkältung und Grippe vor, kurbeln den Blutkreislauf an und wirken desinfizierend. Neben Warenkunde und Küchenpraxis zeigen Ihnen über 50 Rezepte aus aller Welt, wie Sie aus Chili, Peperoni und Paprika einfache und schnelle Gerichte, aber auch aufwendigere Spezialitäten und allerlei für den Vorrat zubereiten können.

Karin Messerli
Rucola, Bärlauch, Löwenzahn
Die besten Rezepte

Rucola, Bärlauch und Löwenzahn gehören zu den ersten kulinarischen Boten des Frühlings. Sie wecken die Lebenskräfte, bringen den Körper in Schwung und bereichern unsere Speisen mit ganz unterschiedlichen Geschmacksnuancen. Über 50 Rezepte zeigen, wie die zarten Kräuter am besten für Salate, Suppen, Gemüsegerichte, zu Fleisch und Fisch, in Teigwaren und Risotti einzusetzen sind. Ergänzt durch eine Warenkunde und Tips zur Küchenpraxis.

Annemarie Wildeisen
Mozzarella
Die besten Rezepte

Mozzarella ist weit mehr als nur der klassische Pizzakäse. Sein frisches Aroma eignet sich hervorragend für leichte, appetitanregende Salate und Vorspeisen. Mit seiner zartschmelzenden Konsistenz ist er ideal zum Überbacken von Gemüse-, Teigwaren- und Fleischgerichten, und dank seiner Vielseitigkeit verbindet er sich aufs beste mit Kartoffeln, Mais, Brot und Eiern. Mit 50 Rezepten und einer Anleitung für hausgemachten Mozzarella.

Jacqueline Fessel und Margrit Sulzberger
Getreide
Die besten Rezepte

Kernige Körner für gesundheitsbewusste Geniesser! Getreide ist ein Grundbestandteil jeder gesunden Ernährung. Entdecken Sie eine Vielfalt an attraktiven Gerichten mit Weizen, Gerste, Roggen, Hafer, Hirse, Reis, Mais und Buchweizen. Wie wär's mit einem Hirsecake mit Broccolifüllung? Oder steht Ihnen der Sinn eher nach einem Risotto mit Meeresfrüchten oder einer Vollkorn-Focaccia? Als süsser Abschluss bieten sich eine Cassata alla siciliana, eine Bananentorte oder ein fein gefüllter Bienenstich an.

Verena Krieger
Pflanzlich binden und gelieren
Die besten Rezepte mit Agar-Agar, Kuzu und Marantamehl

Pflanzliche Gelier- und Bindemittel sind nicht nur unbedenklich, sondern ausgesprochen gesund und damit eine echte Alternative zur herkömmlichen Gelatine. Verena Krieger, die bekannte Fachfrau für Ernährung und erfolgreiche Kochbuchautorin, präsentiert hier eine Fülle von Vorschlägen für Terrinen, Mousses, Cremen und Flans.

AT Verlag
Bahnhofstrasse 39–43
CH-5001 Aarau
Telefon 062/836 62 46
Fax 062/836 66 67
E-mail: info.buchverlag@azag.ch
Internet: www.at-verlag.ch